Guía Definitiva del Choque de OVNI en Roswell

3a edición

Cómo visitar los lugares más misteriosos de Roswell, Nuevo México

Por Noe Torres

Fotografía por E.J. Wilson
Prólogo del Dr. Jesse Marcel, Jr.
Epílogo de John LeMay

RoswellBooks.com
Edinburg, Texas

Portada original por Joe Calkins de CerberusArt.com.

Impreso en los Estados Unidos de América.

ISBN: 978-0-9817597-2-2

"Los avistamientos de OVNIs realmente comenzaron con el incidente de Roswell en 1947, cuando una nave espacial se estrelló y los cadáveres de extraterrestres se encontraron en Roswell, Nuevo México. No se equivoquen, Roswell ocurrió. He visto los archivos secretos que muestran que el gobierno sabía la verdad - pero decidio no decirle al público. Hubo, para la seguridad general, muy buenas razones para no informarle al público acerca de Roswell. Sencillamente, no hubiéramos podido entender una tecnología de seres inteligentes suficientes avanzados como para enviar una nave a la tierra. El mundo se hubiera aterrado al conocer que extraterrestres nos visitaban."

Dr. Edgar Mitchell (1930-2016), astronauta de la NASA, durante una entrevista con el periodista británico John Earls en 1998.

Edgar Mitchell (Foto de NASA, 1970)

"Los avistamientos de OVNIs realmente comenzaron con el incidente de Roswell en 1947, cuando una nave espacial se estrelló y los cadáveres de extraterrestres se encontraron en Roswell, Nuevo México. No se equivoquen, Roswell ocurrió. He visto los archivos secretos que muestran que el gobierno sabía la verdad - pero decidio no decirle al público. Hubo, para la seguridad general, muy buenas razones para no informarle al público acerca de Roswell. Sencillamente, no hubiéramos podido entender una tecnología de seres inteligentes suficientes avanzados como para enviar una nave a la tierra. El mundo se hubiera aterrado al conocer que extraterrestres nos visitaban."

Dr. Edgar Mitchell (1930-2016), astronauta de la NASA, durante una entrevista con el periodista británico John Earls en 1998.

Edgar Mitchell (Foto de NASA, 1970)

Dedicación

A mi esposa Robin y mi hijo Stephen, por aguantar este ermitaño trabajando largas noches en su computadora. También, a mi amigo Rubén Uriarte, con quien he caminado los lugares desolados del mundo.

CONTENIDO

PRÓLOGO

De Jesse Marcel, Jr.

Poco después de tomar parte en las pruebas de bomba atómica del atolón de Bikini en julio de 1946, mi padre fue asignado al campo de ejército de Roswell (conocido como el RAAF), la base militar para el grupo de bomba 509, que había terminado la segunda guerra mundial con el bombardeo atómico de Japón. Mi padre fue el comandante Jesse A. Marcel, oficial de inteligencia del grupo 509 y quien tomo parte importante en la misión secreta que acabo la guerra con Japón. Su experiencia militar era amplia, y su papel como oficial de inteligencia para el único grupo de la bomba atómica en el mundo fue grave. Cualquier persona que sugiere que mi papá no habría sido capaz de identificar un globo de altitud derribado es completamente ignorante de su fondo y su entrenamiento.

A finales de 1946, mis padres y yo nos trasladamos a una vivienda de la base militar en Roswell, y, porque la base no tenía escuela en esa epoca, yo asisti a la escuela de Mountain View, situado a las afueras de la base, en camino a Roswell. Unos meses despues, en la primavera de 1947, nos mudamos a la ciudad de Roswell a una casa ubicada en 1300 West 7th Street, que parece prácticamente la misma hoy como todos esos años atras. Hay un terreno baldío en la calle adyacente y una casa en seguida donde vivió Johnny Peck, uno de mis amigos cercanos. Esos días en Roswell fueron los mejores momentos de mi vida. Gayle Salee, Johnny Peck y yo pasamos muchas horas paseandonos en bicicleta en Roswell y oeste en el desierto. Tengo muy buenos recuerdos de aquella época de mi vida, especialmente las muchas horas pasadas jugando con amigos durante los largos y calientes veranos de Roswell.

Mi padre tenía una oficina en el campo del ejército de Roswell, pero no mantenia horas regulares allí. Por los deberes de su posicion, él trabajaba mucho más de las horas normales, incluyendo noches y fines de semana. La única vez que lo visite en su oficina fue cuando él llevo a mi mamá y a mí en una gira de la base militar. Lo que más recuerdo es una gran sala donde donde los informes de la misión se daban a los equipos de bombardero.

Recuerdo que en esa sala, vi un mapa del mundo que brillaba en tonos luminiscentes debajo de luces ultravioletas. Todo esto me empresiono mucho.

Las cosas iban a lo largo de forma rutinaria por la primera parte de 1947. Y, a continuación, sucedió una cosa muy rara. Una noche a principios de julio, recuerdo que mi papá no llego a casa para la cena, o si lo hizo, no lo vi. Algo parecía muy extraño. No vi a mi papa de nuevo hasta muy tarde en la noche siguiente, o quizás incluso muy temprano en la mañana del día sigiente. En cualquier caso, cuando llegó finalmente a casa yo estaba durmiendo en mi recamara y ya había dormido algunas horas, agotado después de un día completo de diversión con mis amigos.

Recuerdo que mi papá me desperto en medio de la noche. Él me llevó a la cocina donde, creo, mi madre ya estaba mirando un montón de escombros esparcidos en el piso de la cocina. Papá estaba muy entusiasmado en lo que estaba allí, pero sinceramente no podía entender su emoción. Para mí, la basura esparcida en el piso era sólo un montón de fragmentos de metal que parecía una lámina mezclada junto con algo que parecía plástico negro, y también algunas vigas de aspecto metálico.

Aunque los escombros no hicieron una gran impresión al principio, si me impresiono lo que dijo mi papá de ellos. Dijo que mi madre y yo estábamos analizando piezas de un "platillo volador." Aunque, todavía atontado con el sueño, la frase "platillo volador" me causo confusión en primer lugar, me di cuenta, por el estado excitado de mi papá, que esto era algo extremadamente singular e importante.

Me sorpriendio mucho cuando papá dijo que nunca en mi vida volvería a ver algo como esto. La realización de repente me llegó que lo que estábamos analizando había llegado desde algún lugar fuera de la tierra y que esto tenía origin en otro planeta.

Papa nos dio instrucciones para buscar muy cuidadosamente a través de los escombros buscando cualquier componentes electrónicos familiares, tales como tubos de vacío, condensadores de resistencias o alambre. De hecho, él ya había buscado los escombros para estos tipos de componentes sin encontrarlos, pero quería que nosotros buscaramos y satisfaceramos nuestra propia curiosidad. Así, mamá y yo obedientemente cumplimos con su solicitud y no encontramos nada que parecían partes electrónicas convencionales. Eran materiales totalmente extraños.

En relación con los escombros metálicos delgadados que parecían papel de aluminio, recuerdo que parecían similares al ajuste de aluminio de hoy, pero aún existe una notable diferencia en su aspecto y tacto. Hago esfuerzo por explicar adecuadamente las diferencias exactas y sólo puede decir que parecía ceñido de aluminio, pero claramente no era.

Las partes más extrañas de los escombros fueron algunas piezas metálicas que siempre he pensado de como "vigas." Marcado en una superficie de estas vigas eran símbolos extraños de jeroglífico - de un tono violeta o púrpura. Una de estas vigas era 12 o 18 pulgadas de largo y unos tres octavos de pulgada de ancho. Parecía metálico y podría ser el mismo material parecido a aluminio.

El otro material en los escombros parecía ser el tipo de plástico negro, como especie de Baquelita ("Bakelite"), un material común utilizado en la fabricación de encimeras en esa epoca. Al examinar este material oscuro, junto con el material de papel de aluminio y las vigas, me quedé con la sensación que los escombros eran algo muy especial y, desde luego, no de cualquier composición común u ordinario.

Las personas a menudo me preguntan, "¿por qué no te quedaste con algunas de ellas?" La razón, tan simple como suena, es que la visualización del material fue un gran honor recibido de mi padre, y yo sabía que era requisito de su trabajo que llevara todo el material a la base militar de Roswell. El material no era nuestro para mantener y, en última instancia, era la propiedad de la fuerza aérea de los Estados Unidos. En verdad, nunca se me ocurrió conservar cualquiera de la misma, y garantizo que si hubiera mantenido algunas piezas, los militares hubieran recuperado todos de ellas. Sin duda, el ejército trabajó para asegurar que ningún material caerá en manos de civiles, y si esto ocurio, ellos utilizaban todos los recursos a su disposición para recuperlo.

Bill Brazel se quedo con unas piezas del material extraño por algún tiempo después del incidente de Roswell, pero poco después habló de ellos a algunos de sus amigos. Imediatamente fue visitado por un grupo de individuos misteriosos, presumiblemente representando a la inteligencia militar, quienes se llevaron los escombros de Brazel.

Coronel Jesse Marcel, Jr. en 2004, mientras que actúa como cirujano de vuelo para el batallón 189 de helicópteros de ataque en Iraq (por cortesía de Coronel Marcel)

A menudo me pregunta la gente cómo esta experiencia afecto mi vida. En otras palabras, ¿cómo cambio mi vida después de tocar materiales que estoy convencido provenían de otra civilización? La experiencia definitivamente fue un momento "cambiador" en mi vida. Un impacto inmediato fue que aumentó mi creencia en Dios como poderoso creador del universo. De repente y profundamente, me di cuenta de que los seres humanos no están solos en el cosmos y que las energías creativas ilimitadas de Dios no comenzar o terminar con la creación de la vida en nuestro mundo. Después de lo que fui testigo en Roswell, fui a la escuela

Católica Romana de San Pedro, donde busque una fe personal que podía sostenerme y podía ayudarme a entender mi papel en la inmensidad del universo. Mi experiencia en Roswell también desarrolló un gran interés en la astronomía y lei todo lo posible sobre otros sistemas estelares. Aunque sería 50 años antes de que los astrónomos confirmaran la existencia de otros sistemas planetarios, mi familia y yo conocíamos la verdad en 1947. Obviamente, los restos del OVNI que manejamos en la cocina de nuestro hogar provenían de una civilización no de la tierra.

Existe evidencia de que los seres humanos antiguos vieron OVNIs volando en el cielo y representan tales observaciones en dibujos primitivos, pintura, escultura y otros medios de comunicación. Dibujos crudos en antiguas cuevas muestran los discos voladores en el cielo. Pinturas medievales contienen imagines de platillos voladores pasando por el cielo. Las imágenes son inquietantes. Avanzando rápidamente a nuestro tiemp, el incidente de Roswell es el "abuelo" de todos los eventos modernos de OVNI. Fue el detonante de la fascinación del mundo con fenómenos aéreos desconocidos, algo que persiste hasta hoy. Puesto que las pruebas físicas en forma de escombros cayendo en el rancho de Foster, el accidente de Roswell fue difícil de cubrir. A pesar de los desmentidos oficiales por la militar afirmando que los escombros eran simplemente un globo meteorológico que se estrelló, interés en el caso de Roswell sigue creciendo incluso hoy en día, a pesar del paso de las décadas.

¿Por qué tantas personas alrededor del mundo siguen fascinados por este caso? Creo que es el único caso con una preponderancia de evidencia inflexible. Hubo demasiados testigos de primera mano que confirmaron que el incidente de Roswell fue algo mucho más importante que un globo meteorológico . Testigos han dado declaraciones juradas que, después del accidente, vieron algunos materiales realmente exóticos y, incluso, los restos de seres no humanos.

Estas revelaciones sorprendentes han producido emociones mixtas del público en general. Algunos escépticos sostienen que porque nosotros no somos capaces de viaje interestelar, ningun otra civilizacion en el universo es capaz de lo mismo. No entiendo que si se puede superar los límites impuestas por la teoría de la relatividad de Albert Einstein si la tecnología avanza lo suficiente para permitir viajes de velocidad mas alta que de la luz (FTL). Los principios detrás de FTL ya han sido elaborados en teoría, y ahora, simplemente esperamos la ingeniería para crear estas naves espaciales.

Foto de 2008 de Jesse Marcel, Jr., (cortesía de Coronel Marcel)

Otras personas no les gustan la idea de vida extraterrestre porque interfiere con la creencia de que los seres humanos son los únicos seres inteligentes en toda la creación de Dios. Los que defienden esta idea están limitando la capacidad creativa de Dios, y creo que están muy equivocados. Hombre mortal no puede saber los efectos impresionantes y maravillosos de Dios. Sabemos sólo lo que Dios eligió a revelar a nosotros. Incluso el Vaticano, en toda su ortodoxia y tradición, recientemente dijo que una creencia en la vida extraterrestre no entre en conflicto con la creencia en Dios.

Parafraseando a Carl Sagan, si nuestro es el único planeta en el cosmos con vida inteligente en él, entonces el universo sufre una pérdida increíble de espacio. Creo que nuestro planeta se dirige hacia un momento de realizicion, cuando la verdad que hemos sido visitados por seres extraterrestres será finalmente y indiscutiblemente revelada. Esta revelación puede ocurrir como resultado de los gobiernos del mundo finalmente liberando los documentos que contienen hechos innegables de contacto pasado. O bien, puede ocurrir en forma de un avistamiento de todo el mundo, masivo y simultáneo, en la que nuestros visitantes finalmente se revelan, como en la película *Independence Day*. Si se producen tal revelacion repentina, solo podemos esperar que nuestros visitantes sean benevolentes. Es la razón de que van a ser, ya que dada la tecnología avanzada que seguramente poseen, nos podrían haber destruido mucho antes de hoy.

Independientemente de cómo, finalmente se revelera la verdad. También podemos estar a seguros de que existe vida inteligente en otros planetas del universo, y que hemos sido visitados. Estos hechos son ineludibles.

Permitir que este libro que ahora tiene en sus manos sea un guía en su viaje a todos los lugares claves que están conectados a los acontecimientos de la caída de un OVNI en Roswell en 1947. Aquí leerá acerca de mi antigua casa, que todavía existe en Roswell y donde mi familia examino los restos del OVNI. También leerá acerca de muchos otros lugares, el misteriso edificio 84, donde fueron almacenados temporalmente restos del OVNI y cuerpos de seres extraterrestres. A través de una comprensión más clara del evento en Roswell, descubrimos una mayor verdad sobre el universo y nuestro lugar en él. NO ESTAMOS SOLOS.

Jesse Marcel Jr.
Helena, Montana
30 de Septiembre 2009

Nota del autor: Lamentablemente, Jesse Marcel, Jr. falleció en abril de 2013 en su casa en Montana. Lo extrañaremos mucho. Hasta el final, mantuvo firmemente la creencia de que había tocado y manipulado los escombros de una nave espacial extraterrestre.

INTRODUCCIÓN

El objetivo de este libro es simple: transportar al lector en una visita autoguiada de la Roswell moderna, visitando los mismos lugares donde sucedió el incidente de Roswell. Pone el poder del descubrimiento en sus manos, lo que le permite explorar el tangoble para experimentar lo intangible. En esta edición revisada, incluso hemos incluido coordinadas del sistema de posicionamiento global (GPS) para todos los sitios que discutimos en el libro, y hemos incluido un código de barras de respuesta rápida (QR) al comienzo de cada capítulo, como en el ejemplo que se muestra aquí. Cuando se escanea con un teléfono inteligente, tableta u otro dispositivo conectado a Internet, el código de barras cargará la ubicación exacta de cada sitio y lo mostrará en el sitio web Google Maps™. Busque el puntero de flecha verde.

Con estas maravillosas herramientas nuevas en la mano, prepárese para la experiencia de visitar los lugares donde ocurrieron los hechos reales del incidente de Roswell. Camine las mismas veredas donde caminaban los testigos. Visite los mismos locales donde testigos vieron cuerpos extraterrestres. Miren el mismo campo rocoso donde caeron del cielo piezas metálicas de una nave extraña. Visite estos lugares maravillosos, encuentre una "presencia" abrumadora - llamale la fuerza de la historia o llamale lo paranormal. Se encontrará cara a cara con uno de los momentos más monumentales en la historia de la humanidad, segun los cientos de personas que afirman su participación en el caso.

Este libro está organizado en forma de una gira de conducción autoguiada con paradas en el camino, a partir del centro de Roswell y, a continuación, moviéndose lentamente hacia fuera para sitios más distantes, a ranchos y lugares vecinos e incluso a ciudades cercanas. Punto de partida del libro, centro de Roswell, es natural, teniendo en cuenta que la mayor parte del misterio y la intriga que rodean este caso ocurrieron dentro de los límites de la ciudad. También, ya que la mayoría de los sitios de interés se encuentran en Roswell, es la base de operaciones ideal. Del centro de Roswell, los lectores pueden aventurarse fuera y explorar otros sitios más distantes.

Nuestras paradas incluyen el hospital de la base aérea del ejército donde testigos dicen que cuerpos extraterrestres fueron traídos desde el sitio del desplome de OVNI en el desierto al norte de Roswell. Otras paradas incluyen una sección de el antiguo Rancho donde testigos en 1947 encuentraron desechos metálicos con propiedades sobrenaturales. Otra parada es una cafetería donde una enfermera casi histérica dibujó bocetos de extrañas criaturas que vio el el hospital de la base militar de Roswell. Y, nuestras paradas también incluyen otros lugares en el desierto norte de Roswell, donde testigos tropezaron con pruebas adicionales del estrellamiento de un OVNI.

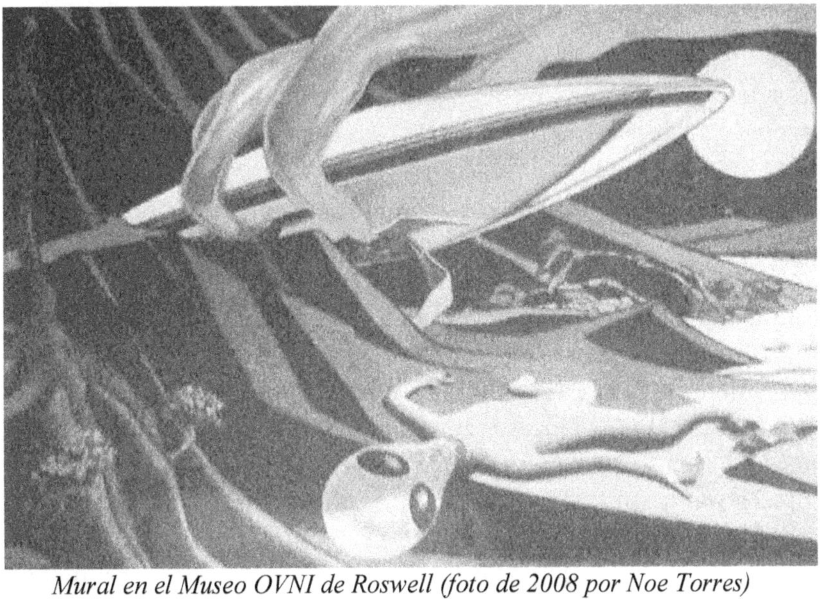

Mural en el Museo OVNI de Roswell (foto de 2008 por Noe Torres)

Estas son sólo algunas de las maravillas que les esperan, cuando nos vamos a un viaje increíble al año 1947 y experienciamos de primera mano lo mismo que la gente de Roswell en esa época - que de repente fueron conciencientes de que, en un abrir y cerrar de ojos, seres de otro mundo caeron en su medio.

Antes de comenzar nuestra gira, aquí es un breve resumen de lo que sucedió en Roswell hace muchos años. Durante una intensa tormenta en el fin de semana de cuatro de julio en 1947, una nave extraña disperso fragmentos de metal en una gran área del rancho de Foster, situado a unas 60 millas aéreas al noroeste de Roswell. Los militares de la base en Roswell después fueron y recogieron muchas carretillas llenos de los escombros extraños. Se dice que el mismo OVNI que expulso estos continuó su vuelo por un tiempo, finalmente impactando en la tierra en una ubicación diferente, algunas millas mas de distancia. A las menos cuatro criaturas "no humanos", tres muertos y uno vivo, después fueron descubiertos en el sitio de impacto.

A la mañana siguiente, el personal militar del campo de ejército en Roswell fue enviado para proteger el sitio de impacto, recuperar todos los escombros y recuperar las criaturas. Antes de que los militares desaparecean todas las pruebas, un número de residentes locales visitaron el sitio, incluyendo bomberos, policías y civiles ordinarios. Los militares procedieron a hacer su trabajo rápido y completo y, a continuación, regresaron a la base aérea de Roswell. De acuerdo a varios testigos presenciales, los seres extraños y los restos de la nave espacial fueron transladados a la base militar de Roswell, donde se mantuvieron bajo guardia armada durante varios días, antes de finalmente ser enviado por avión a otras instalaciones militares en los Estados Unidos.

Mientras tanto, ranchero W.W. "Mack" Brazel encontró los restos del OVNI dispersos alrededor del rancho de Foster y más tarde encontró otra área del rancho que contenia los cuerpos de dos o tres criaturas "no humanas." Brazel informó, por llamada telefónica, al sheriff del condado Chaves, cuya oficina estaba en Roswell. El sheriff contacto al campo del sobre el descubrimiento. Los militares rápidamente redondearon todos los escombros y advirtieron a Brazel que nunca hablara acerca de lo que encontró. Los escombros misteriosos fueron observados por varios otros residentes de Roswell, incluyendo el comandante Jesse A. Marcel, Sr., oficial de inteligencia de aire en el campo del ejército en Roswell. Entre los escombros habia un metal ligero como aluminio, pero que tuvo la extraña propiedad del despliegue por sí mismo cuando arrugado en una bola, dejando ninguna traza de pliegues o cualquier deformidad. Otros materiales encontrados en el rancho Foster contenian un extraño tipo de escritura similar de jeroglíficos egipcios.

El 8 de julio, la base aérea de Roswell emitió un comunicado de prensa oficial indicando que un "disco volador" había sido "capturado" en un rancho de ovejas (el rancho de Foster) y que se translado a la base militar en Roswell. En verdad, según testigos, el "disco" no se encontro en el rancho de Foster – done sólo había un gran campo de desechos metálicos. La nave, en actualidad, fue encontrada en otra localidad secreta mas cerca a Roswell.

Por último, el día después de la comunicacion famosa tocante el "disco volador," el ejército inmediatamente siguió con otra declaración diciendo que todo había sido un error y que lo que se encontró en el rancho fue sólo un globo meteorológico . Más tarde, testigos declararon que el ejército deliberadamente manipulado los medios de comunicación con el fin de desviar la atención de la realidad que se había recuperado un disco volador, pero en otro lugar - no en el rancho de Foster. Los comunicados de prensa sirvieron para focar la atención pública en el rancho de Foster, en lugar de en el segundo sitio, donde realmente se estrelló el OVNI.

Trabajó el engaño, aunque no tan bien como los militares deseaban. Habian simplemente demasiados testigos y aunque todos ellos prestaron juramento secreto y muchos fueron amenazados con fates peor que la muerte, extraños rumores sobre "lo que realmente ocurrió en Roswell" continuaron por muchas décadas después de 1947. La burbuja del secreto continúo a través de la década patriótico del 1950, pero comenzó a debilitarse durante las protestas contra el gobierno de la década de 1960 y el escándalo de Watergate de la década de 1970. Habiendo llegado a una época cuando los estadounidenses finalmente realizaron que el gobierno de Estados Unidos no es infalible y que de hecho había mantenido muchos secretos sobre los OVNIs, la burbuja del secreto finalmente se rompio en 1978, cuando el ex oficial de inteligencia de Roswell Jessie A. Marcel, Sr., finalmente admito que el objeto que se estrelló cerca de Roswell en 1947 no fue un globo meteorológico , pero un objeto extraterrestre.

Algunos investigadores piensan que el incidente de Roswell y los muchos avistamientos de OVNIs en los finales de los años cuarenta y principios de 1950 podian haber sido relacionados a los comienzos de experimentación por la humanidad con armas nucleares. En julio de 1947, se marcó el segundo aniversario de la detonación del primer dispositivo nuclear del mundo, cuyo nombre en código "Trinidad", en el desierto de Nuevo México, cerca de Alamogordo. Este sol artificial en plena luz del día marcó el comienzo de la era atómica – la primera vez en la historia conocida cuando los seres humanos tenían el poder de destruir toda la vida en el planeta.

Primera bomba atómica del mundo detonada en el sitio de Trinidad en el sur de Nuevo México (Estados Unidos Dpto. de energía)

A continuación, en agosto de 1945, dos bombas atómicas se lanzaron sobre Japón en 1945, entregados por aviones del mismo grupo de bombardero cuya base de operaciones en 1947 fue Roswell, Nuevo México. La vida humana cambió para siempre con las nubes de esas explosiones. En poco, comenzó la guerra fría entre los Estados Unidos y Rusia y cienes de bombas de pruebas atmosféricas iluminaron nuestros cielos. Tal vez todas esas explosiones sirvieron como señal sobre la faz de nuestro planeta, llamando a nuestro mundo las ondas de platillos voladores vistos por todo el mundo en la época del incidente de Roswell. Quizas fue una señal que inadvertidamente enviamos al espacio: "Somos suficientemente peligrosos y estúpidos para destruir no sólo nuestro planeta, pero tal vez suyo, también, en el futuro."

Aun es tiempo para comenzar nuestro maravilloso viaje en el tiempo y dentro del agujero de conejo con Alice. Si utilizanda este libro para tomar un tour autoguiado de todos los lugares mencionados o si lo utiliza simplemente para realizar una visita virtual, tenga en cuenta que cuando salga de este agujero de conejo, su visión de la vida y el universo cambiara....

UNO: RESIDENCIA MARCEL

Condición: Todavía existe.
Localización: 1300 W. 7th St. (Intersección de W. 7th y Montana Ave.)
Accesibilidad: Residencia privada.
Coordenadas Geograficas: 33.399624,-104.540473.

En la madrugada del 8 de julio de 1947, Jesse Marcel, Jr., 11 años de edad, estaba durmiendo en su habitación del 1300 West 7th Street, cuando su padre entró de repente en su recamara y emocionalmente le dijo que lo siguera a la cocina a mirar algo muy extraño. Lo que el comandante Jesse Marcel, Sr. estaba a punto de mostrar a su hijo, en aquella tranquila tarde de verano, cambiaría para siempre la vida de ambos. Caminaron los dos a través de la casa y el anciano Marcel distribuyo en la mesa de la cocina los contenidos de una caja, llena de desechos metálicos muy extraños.

La ex residencia Marcel en 1300 W. 7th (foto por E.J. Wilson)

El material, recogido por el comandante Marcel temprano en el día en el rancho de Foster, al norte de la ciudad, incluia una lámina de metal, piezas de un material similar a plástico, y viga de metal de tipo"I-beam." "La lámina tenía un aspecto más o menos mate, como tipo de un aluminio pulido superficial, no brillante o muy reflectante, aunque puede haber sido más pulido que el otro a un lado" Jesse Marcel, Jr. escribió en su libro *The Roswell Legacy.* "La superficie de la lámina propia fue algo suave. Las piezas en sí mismos no tenían ningún diseño distinto o forma; fueron amorfos. Recuerdo mirando por largo tiempo algunos de los materiales que parecían de papel de aluminio. En particular, recuerdo que si esta piezas se dejaban caer, flotaban como una pluma."

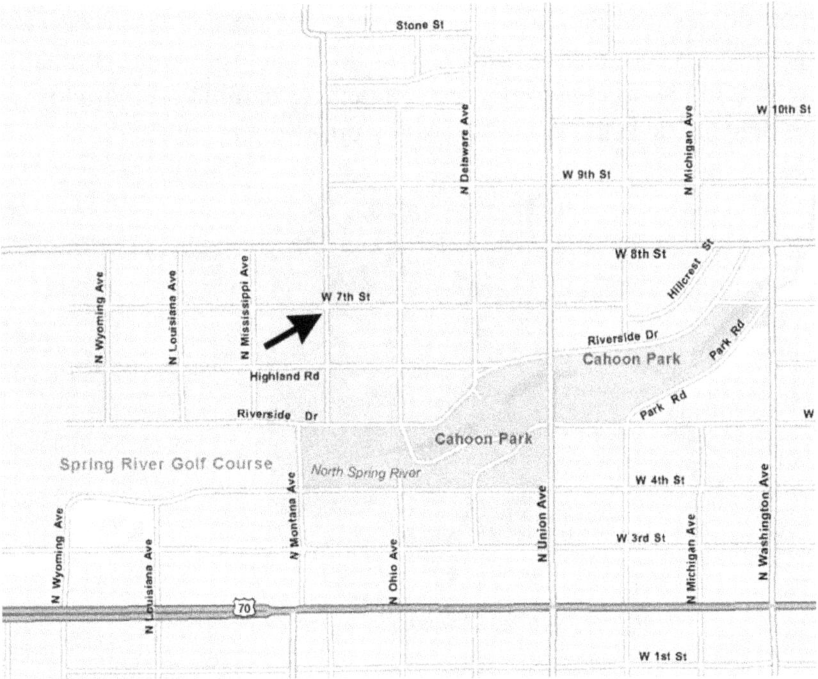

Mapa del BLM mostrando la ubicación de la ex residencia de Marcel

Cuando el comandante Marcel despues examinó el material en el campo del ejército de Roswell, observo que cuando se doblaba una pieza de la lámina extraña, inmediatamente se enderezaba a sí mismo y volvia a su forma original – una propiedad cual causo que se llamara "metal de memoria." Además, los militares intentaron dañar y deformar este material con un martillo pero fue imposible. Era claro que algunas de las piezas de metal eran prácticamente indestructibles.

Pero quizás lo más curioso fue lo que observo la familia Marcel en su residencia aquella noche en 1947: un grupo de símbolos parecidos a jeroglífico en una de las piezas de los escombros. En su libro *The Roswell Legacy*, Marcel, Jr., dice, "habia una treintena de símbolos, uno derecho tras otro. Estas cifras eran sólidas; no eran dibujos de línea. Uno parecia un sello con pelota en su nariz. Otro símbolo fue como una pirámide truncada con una bola de sólidos sobre el vértice... El símbolo situado justo a la derecha de esto fue un esferoide oblato. El esferoide a veces aparecería con dos esferoides más pequeños por debajo del esferoide más grande, a veces por encima. Como yo recuerdo el siguiente símbolo tenía la misma configuración pero se cambió a 90 grados. A la derecha de estos símbolos estaba un oval simple...."

Foto del 1946 RAAF Anuario (cortesía de HSSNM)

Después de la visualización improvisada de los escombros, el comandante Marcel recogió todo el material y lo llevó a la base. Despues, acompañó al material recogido en el rancho de Foster en un vuelo desde Roswell a una base militar en Ohio, Wright-Patterson, a bordo de un avión de carga C-54 Skymaster.

"Cuando mi papá regresó a Roswell [de Ohio], nos dijo a mi madre y a mí que nunca hablaramos de lo que habíamos visto esa noche. Al hablar con él despues, confirmó que este material fue de una nave extraterrestre, y estaba sin duda convencido de yo mismo."

Contrariamente a lo que algunos creen, los oficiales militares nunca invadieron la residencia Marcel buscanda piezas de los escombros del Rancho de Foster. Jesse Marcel, Jr. dice, "No, no recuerdo ningún militares personas venir a la casa después de esa noche [cuando Major Marcel mostró los escombros a su esposa y su hijo]. Creo que mi padre, como el oficial de inteligencia de la base, tenía suficiente credibilidad que sentían que no era necesario acudir a la casa y buscar más piezas del material extrano. Puedo afirmar que nadie de los militares llegó en cualquier momento para mirar a su alrededor."

Lado norte de la ex residencia Marcel. Ventana de derecha fue la recamara de Jesse Marcel, Jr. (foto por E.J. Wilson)

Hoy, al visitar por fuera la antigua residencia de los Marcels en West 7th Street en Roswell, sólo podemos imaginar las emociones de ese dia en 1947 cuando la mesa de la cocina contenia fragmentos de una nave espacial desde más allá de nuestro planeta. En el ojo de la mente, podemos ver el pequeno Jesse Marcel, Jr. tocando los escombros con sus manos y preguntándose sobre el lugar de la humanidad en el universo. "Desde esa tarde, mi vida tomó un significado diferente," escribió en su libro. "Nunca pude mirar el cielo de noche con la misma atitud de siempre, porque me parecía que alguien me podría estar mirando de ese mismo cielo."

La antigua residencia de Marcel está situada en la esquina suroeste de la intersección de la calle West 7th y la avenida Montana. A través de la calle al norte esta un lote vacío, que estaba allí en 1947. Jesse Marcel, Jr. recuerda jugando en ese lote con amigos del barrio. "Johnny Peck, Gale Sallee y yo jugamos juegos de guerra y montabamos nuestras bicicletas en ese lote,", dijo Marcel. Su amigo Johnny Peck vivió en la casa al norte del terreno baldío.

Al visitar la ex residencia Marcel en Roswell, favor de respetar la privacidad y la propiedad de los actuales ocupantes de la vivienda. Puede conducir por la calle y tomar fotografías desde la calle, pero por favor no traspasar.

DOS: RESIDENCIA WILMOT

Condición: Todavía existe.
Localización: 105 S. Pennsylvania Ave. (Intersección de 1st & Penn)
Accesibilidad: Residencia privada.
Coordenadas Geograficas: 33.392694,-104.525994.

Nuestro recorrido extraordinario de Roswell continúa con el avistamiento de un extraño objeto volando a través del horizonte occidental en la noche del 2 de julio. A primera vista, este avistamiento de OVNI parece no tener más importancia que cualquiera de los cientos de otros. Pero, este avistamiento fue importante porque sirvió como un presagio del estrellamiento de un OVNI en el desierto norte de Roswell. Fue el primer indicio de que algo misterioso estaba a punto de descender a la tranquila comunidad de Roswell.

La ex residencia de Wilmot (foto por E.J. Wilson)

Con una población en 1947 estimada de 22,000 habitantes, el pueblo de Roswell dependia principalmente de dos industrias: la ganadería extensiva y el campo del ejército, situado en el extremo sur de la ciudad. Muchas de las empresas de la ciudad fueron orientadas a la prestación de bienes y servicios a los soldados estacionados en la base. Hay pocas dudas de que Dan Wilmot, propietario de ferretería en Roswell, también se benefició enormemente de la presencia de la base.

En esa noche de verano tranquilo, Wilmot y su esposa estaban sentados en el patio frontal de su casa en 105 South Pennsylvania Avenue, en el corazón del centro de la ciudad, cuando vieron un objeto circular, brillantemente iluminado. El "disco volador" se movia a través del cielo sobre la parte occidental de la ciudad. En la historia de su avistamiento, publicado seis días despues en el periódico de Roswell, describieron un "brillante objeto grande." El objeto se acerco desde el sudeste y continúo al noroeste a una alta velocidad.

Wilmot le dijo al periódico que el objeto parecía estar volando a una altura de unos 1,500 pies y viajando entre 400 y 500 millas por hora. Estima que puede haber sido el objeto de entre 15 y 20 metros de diámetro. Wilmot y su esposa se encontraba en su patio y observaron el OVNI por poco menos de un minuto, antes de que desapareció en las copas de los árboles al oeste en frente de Six Mile Hill, una cresta larga rocosa que forma el límite occidental de la ciudad, como diez millas al oeste de la residencia Wilmot. Wilmot no escucho ningún sonido durante el avistamiento, pero su esposa cree que oyó una muy débil y muy breve "silbante" sonido cuando el objeto pasó su punto de mira.

La cuenta de periódico, declaro, "… [El OVNI] parecía oval en la forma, como dos platillos invertidos, frente a boca, o como dos tazones, juntos en la misma manera. Todo el objeto brillaba como si la luz surgia de dentro - no estaba simplemente aluzado por debajo."

El artículo de periódico concluyó diciendo: "Wilmot, que es uno de los ciudadanos más respetados y confiables en la ciudad, mantuvo la historia a sí mismo con la esperanza de que otra persona podría salir y decir acerca de haber visto los mismo, pero finalmente hoy [8 de julio] decidió que seguir adelante y decirle acerca de él. El anuncio de que el RAAF [campo de ejército en Roswell] estaba en posesión de un platillo volador vino sólo unos minutos después de que Wilmot decidió lanzar los detalles de lo que había visto."

Curiosamente, el periodista sintió que era importante señalar que la Wilmots revelaron su avistamiento "pocos minutos" antes de la famosa sala de prensa en el campo de ejército de Roswell, afirmando que el ejército de los Estados Unidos había capturado un "disco volador."

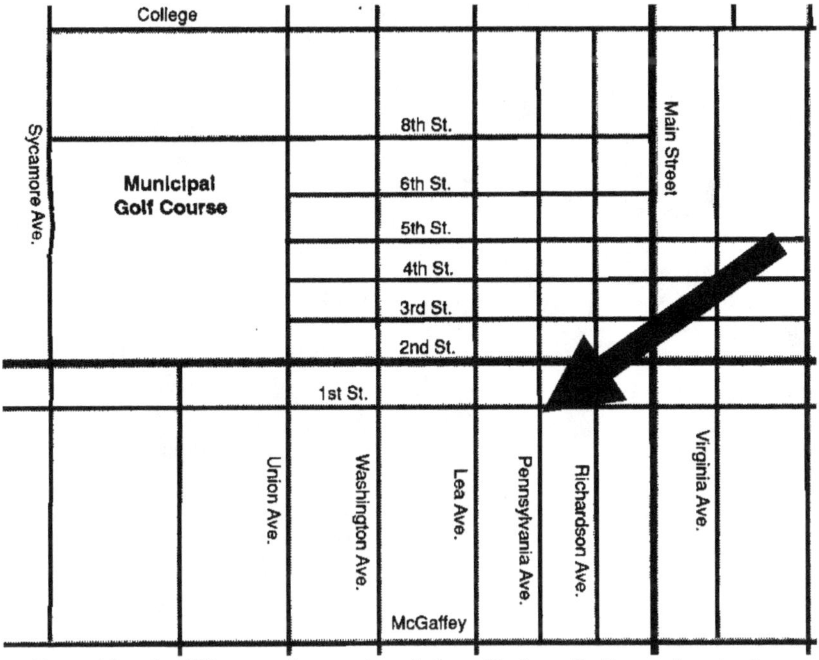

Ex residencia Wilmot en la esquina de la calle 1st y S. Pennsylvania Ave.

La historia completa del avistamiento de los Wilmots, como se informó en el periodico *Roswell Daily Record* el 8 de julio de 1947, sigue:

"El Sr. y la Sra. Dan Wilmot aparentemente eran las únicas personas en Roswell, quien vieron lo que pensaban era un disco volador. Estuvieran en su pórtico en 105 S. Penn St. miércoles anoche a como las diez, cuando un objeto brillante grande camino por el cielo desde el sudeste, yendo en dirección noroeste a una alta velocidad. Wilmot llamao la atención de la Sra. Wilmot y ambos corrieron hacia abajo del patio para ver.

"Fue de menos el avistamiento un minuto, quizás 40 o 50 segundos, Wilmot estima. Wilmot dice que le apareció a ser cerca de 1,500 pies de altura y caminando rápidamente. Estima entre 400 y 500 millas por hora.

Foto de la década de 1940 de Main Street con la ferretería Wilmot visible en la parte superior derecha (cortesía de la sociedad histórica para el sudeste de Nuevo México)

"En apariencia, parecía como dos platillos invertidos oval, frente a boca, o como dos tazones juntos en la misma manera. Todo el objeto brillaban como si la luz fuera mostrando a través de dentro, aunque no como de su interior y no una luz simplemente por debajo. Desde donde él se encontraba, Wilmot dice que el objeto parecia ser aproximadamente 5 pies en tamaño, y teniendo en cuenta la distancia desde la ciudad, calculó que debe haber sido 15 a 20 pies de diámetro, aunque esto fue sólo una suposición. Wilmot dijo que no oyó ningún sonido, pero la Sra. Wilmot Sra. escuchó un sonido debil por un tiempo muy corto. El objeto entró en vista desde el sudeste y desapareció en las copas de los árboles en la inmediación general de Six Mile Hill.

"Wilmot, que es uno de los ciudadanos más respetados y confiables en la ciudad, mantuvo la historia a sí mismo con la esperanza de que otra persona podría salir y decir acerca de haber visto los mismo, pero finalmente hoy decidió que seguir adelante y decirle acerca de él. El anuncio de que el RAAF estaba en posesión de un disco volador llegó a sólo unos minutos después de que él decidió lanzar los detalles de lo que había visto."

La ex residencia de Wilmot todavía existe en 105 South Pennsylvania Avenue. Ahora es una residencia privada y domicilio de negocios (servicio de limpieza de perro). Los visitantes deben respetar la privacidad y la propiedad. Por favor, no traspasar o molestar a los actuales ocupantes.

TRES: ESTACIÓN DE BOMBEROS

Condición: Edificio original demolido. Nueva estación de bomberos, construida en el mismo sitio.
Localización: 200 South Richardson Avenue
Accesibilidad: Gobierno municipal.
Coordenadas Geograficas: 33.391772,-104.524501.

La participación del departamento de bomberos de Roswell en el incidente de 1947 fue revelada por Frankie Rowe, hija de bombero Dan Dwyer, quien le dijo que había visto un OVNI estrellado y cuerpos de seres no humanos. Ocurrió temprano en la mañana del 5 de julio de 1947, cuando la estación de bomberos en 200 South Richardson Avenue recibió por primera vez informes sobre un “incidente” misterioso algunas millas al norte de la ciudad.

Estación central de bomberos de Roswell se encuentra en el sitio de la estación de 1947 (foto por E.J. Wilson)

Dwyer dijo que visitó el lugar del desplome y que no fue en el rancho de Foster, donde el comandante Marcel recogio los escombros que mostró a su esposa y su hijo. Más bien, el sitio del impacto fue en una ubicación totalment diferente, a algunas millas norte de Roswell. Los investigadores creen que el mismo OVNI que dispersó escombros en el rancho de Foster continúo a volar por algunas millas más, antes de estrellarse en una ubicación más cercana a la ciudad de Roswell. Se dice que en este sitio "final" cayó la sección principal del OVNI y de allí fueron recuperados los cuerpos de seres no humanos.

El bombero Dan Dwyer observo una pequeña criatura no humana fuera del platillo estrellado, de acuerdo con su hija Frankie Rowe, quien tenía 12 años de edad en 1947. Rowe, dijo, "Papa fue al sitio con otros bomberos. Nos dijo despues que lo que vio fue a los restos de algún tipo de naves de vuelos. No sabía exactamente que era. Él no podía decir. Dijo que habia muchas piezas muy pequeñas. Los militares ya habían recogido much del escombro."

"Hubo al parecer tres seres en la nave, porque vio dos cuerpos y vio a un ser vivo. Era muy pequeño - del tamaño de un niño de 10 años de edad," recuerda Rowe. "Los militares pusieron este ser en un vehículo y se lo llevaron immediatamente. Tambien se llevaron los dos cuerpos en otro vehículo." (Randle y Schmitt, pp. 20-21)

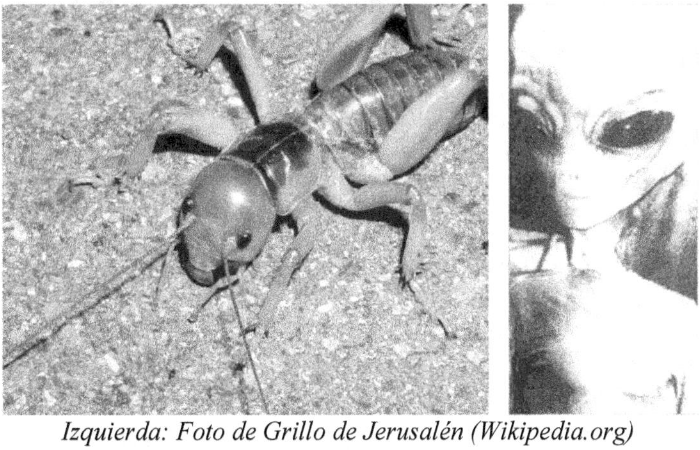

Izquierda: Foto de Grillo de Jerusalén (Wikipedia.org)

Derecha: Presuntos a extraterrestre gris (cortesía de Bob Dean)

Según Rowe, su padre creia que el ser que vio era definitivamente un adulto, aunque su cuerpo era pequeño. El ser estaba completamente sin pelo, y parecía en buena salud. Dwyer describió la cara de la criatura como siendo similar a el de un grillo de tipo "Grillo de Jerusalén" o "Niño de la tierra." Este insecto, que es común en el suroeste de Estados Unidos, se dice que se parece a los llamados extraterrestres "gris."

Rowe a sí misma despues tuvo oportunidad de ver a algunos de los escombros extraordinarios que se habían recuperado donde se estrelló el objeto. "Estaba en la estación de bomberos esperando a mi padre. Un policía estatal llegó y mostro una pieza de los desechos metálicos que dijo que él había recogido en el lugar del accidente. Era una pieza gris opaco y algo como papel de aluminio. Cuando doblado en una bola, volvió rápidamente a su forma original por sí mismo. Los bomberos no pudieron cortar o danar ese metal." [Randle & Schmitt, p. 263]

Another View of Roswell's Central Fire Station (Photo by E.J. Wilson)

En una entrevista con el investigador Karl Pflock, Rowe dijo: "[el policía estatal] tomó algo de su bolsa, y lo puso en la mesa. Dijo que era algo que recogió en el lugar del accidente. Parecía mercurio cuando estaba sobre la mesa, pero usted podría doblarlo.

[Es] un poco más grande que... [su] mano. Bordes dentados [y era un color grisáceo-plata opaco.] Usted no podía sentirlo en su mano. Era tan delgado que se sentía como un pelo... Era algo que nunca había visto antes. Fluía como mercurio cuando usted lo puso sobre la mesa. [Los bomberos y el policia] intentaron cortarlo y danarlo, pero nada. El policía estatal dijo que no sabía cuánto tiempo sería capaz de mantenerlo, si los militares lo buscaban."

Un miembro de las fuerzas armadas despues llegó a casa de Frankie Rowe y le dijo, en presencia de su madre, que si alguna vez hablaba sobre la pieza inusual de metal, los militares "se la llevarian al desierto, y nunca volveria." [Randle & Schmitt, 263 p.]

En una cuenta que aparecio en UFOcon.blogspot.com en marzo de 2009, investigador Anthony Bragalia revelo su conversación con el hijo de Rue Chrisman, quien era el jefe de bomberos de Roswell en 1947. Después de mucha insistencia por Bragalia, finalmente admitió Chrisman, "Si ocurio. Hubo un gran encubrimiento. El desplome fue real." Cuando Bragalia le preguntó por qué lo creía, Chrisman respondió, "Yo conoci a demasiado muchos de los que sabían."

A continuación, Chrisman dio a Bragalia el nombre del único bombero de Roswell en 1947 que todavía estaba vivo (a la edad de 90 años) en 2009, identificado sólo como "El Sr. Smith," con el fin de proteger su privacidad. Smith dijo a Bragalia que inmediatamente después del accidente de OVNI, un coronel de ejército intimidante visitó el departamento de bomberos de Roswell. El coronel le dijo a los bomberos que un "objeto desconocido desde algún otro lugar" se estrelló en el desierto fuera de Roswell y les advirtió a mantener el asunto en secreto y no intentar de visitar la escena del accidente. Les dijo que la operación de rescate era la responsabilidad do los militares. Debido a lo que el coronel dijo y también lo que escucho de otros testigos despues, Smith está convencido de que el objeto estrellado no era de la tierra.

Smith también confirmó la historia de Frankie Rowe que Dan Dwyer y varios otros bomberos salieron para el lugar del accidente, a pesar de la directiva del coronel. Según Smith, los bomberos de la ciudad fueron por su propia voluntad y no realmente en respuesta a una "llamada." Fue realmente el departamento de bomberos del ejército aéreo que fue involucrado en el proceso de limpieza y recuperación de fallos, dijo Smith. Los bomberos de la base fueron los que "sabían la mayoría" sobre lo que ocurrió.

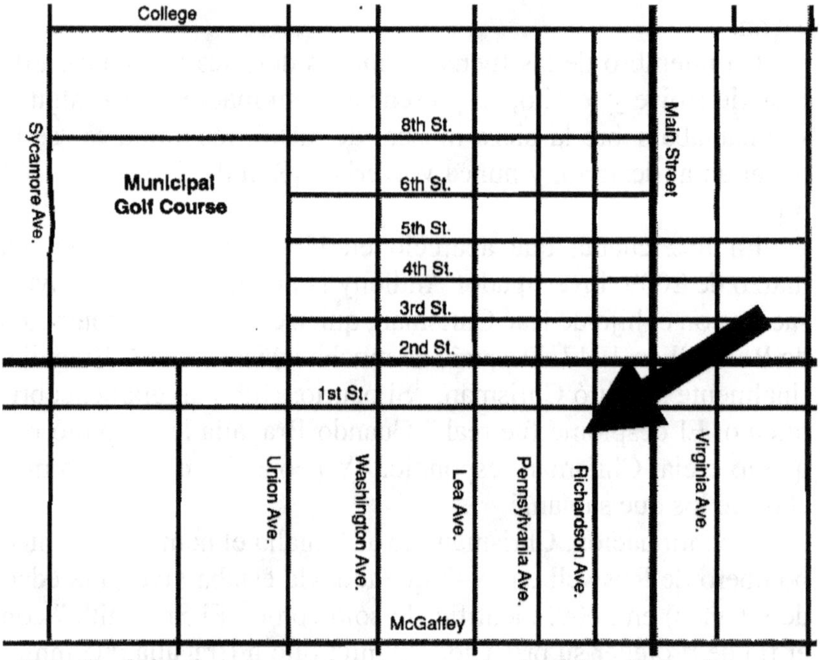

Estación de bomberos cerca de la intersección de 1st St. y Richardson Ave.

Smith también le dijo a Bragalia que el administrador de la ciudad de Roswell en 1947, C.M. Woodbury, más tarde visitó el departamento de bomberos y, de manera muy contundente, ordenó a todos los bomberos a decir absolutamente nada acerca de su accidente de OVNI al norte de la ciudad. Woodbury, de acuerdo con la investigación de Bragalia, fue un muy duro y intimidante ex militar, alcanzar el rango de General, y fue también un amigo cercano de William "Butch" Blanchard, comandante del campo del ejército en. Roswell.

Estación de bomberos # 1 de Roswell, ubicado en la calle Richardson, número 200, fue construida en 1957 en el mismo sitio de la estación de bomberos de 1947. Al visitar la estación, está de pie en el lugar mismo donde el policía estatal mostró a Frankie Rowe y un grupo de bomberos piezas de los escombros del accidente de OVNI, y esto es también el lugar donde un coronel del ejército y el administrador de la ciudad de Roswell les dijieron a los bomberos que nunca le cuenten a nadie sobre el OVNI estrellado.

Si desea llamar antes de visitar la estación de bomberos, el número es (505) 624-6700. Durante su visita, tenga en cuenta que este es un servicio de emergencia, sujeto a envíos inmediatos. Estacionase sólo en áreas designadas y mantengase consciente de los vehículos de emergencia.

CUATRO: COMISARÍA DE POLICÍAS

Condición: Edificio original.
Localización: 425 N. Richardson Avenue
Accesibilidad: Gobierno municipal.
Coordenadas Geograficas: 33.397388,-104.52432.

De acuerdo con el bombero Dan Dwyer, al llegar a la escena al norte de la ciudad donde realmente se estrelló el OVNI y donde se encontraron los extraterrestres, Dwyer vio un número de agentes de la policía de Roswell ya en el sitio. "Los militares ya habían llegado... y algunos de los oficiales de policía de la ciudad de Roswell. También había algunos policías estatales. No era claro si ellos sólo bloqueaban acceso al sitio o también ayudaron a limpiar los escombros." [Randle & Schmitt, p. 20]

También se ha informado que los oficiales de policía de la ciudad despues fueron convocados para ayudar a la policía militar en asegurar el área alrededor del Edificio 84, donde el OVNI y los cuerpos fueron llevados después del desplome. Se ha documentado la presencia del policía de la ciudad fuera de la percha, basado en testimonios de testigos, compilados por varios investigadores, incluyendo a Billy Booth de *ufos.about.com*.

En 1993, L. M. Hall, que era un oficial de policía de Roswell en 1947, dio una declaración jurada de su participación en los acontecimientos extraños de julio de 1947. Aunque no estuvo involucrado en cualquiera de las actividades mencionadas en el lugar del accidente o edificio 84, él escucho al agente funerario, Glenn Dennis, decir que el ejército había pedido varios ataúdes pequeños – del tipo utilizados para bebés.

Hall dijo en su declaración jurada, "Vine a Roswell, Nuevo México, en 1943, para servir en la fuerza aérea. Yo era policía militar y investigador en el campo de ejército de Roswell (RAAF).

En 1946, después de salir del servicio militar, me incorporé al departamento de policía de Roswell, y en 1964 fui nombrado jefe de la policía, sirviendo en esa capacidad 14 años y medio. Ahora soy miembro del consejo municipal de Roswell.

Ayuntamiento de la ciudad de Roswell, ubicación del departamento de policía de 1947 (foto por E.J. Wilson)

"En 1947, yo era un policía en motocicleta, con la patrulla en la calle South Main, entre la ciudad y la base militar. Yo y otros agentes de la policía a menudo tomaban nuestros saltos en el pequeño salón en la funeraria Ballard en 910 South Main, donde trabajaba el señor Glenn Dennis. Había llegado a conocer a Glenn cuando era un policía militar porque él siempre hacia llamadas de la ambulancia a la base segun un contrato que Ballard tenia con los militares. Siempre iba a la funeraria para tomar café con Glenn.

"Un día en julio de 1947, estaba en Ballard en un descanso, y Glenn y yo estábamos platicando. Yo estaba sentado en mi motocicleta, y Glenn estaba cercano. Él comentó, "tuve una divertida llamada desde la base. Querían saber si tenemos varios ataúdes de bebé.' Entonces comenzó a reír y dijo, 'les pregunte qué paso, y dijeron que querían enterrar [o transportar] esos extraterrestres,' algo a ese efecto. Pensé que era un chiste. Nunca dijo nada más acerca de eso y yo no le pide más informacion.

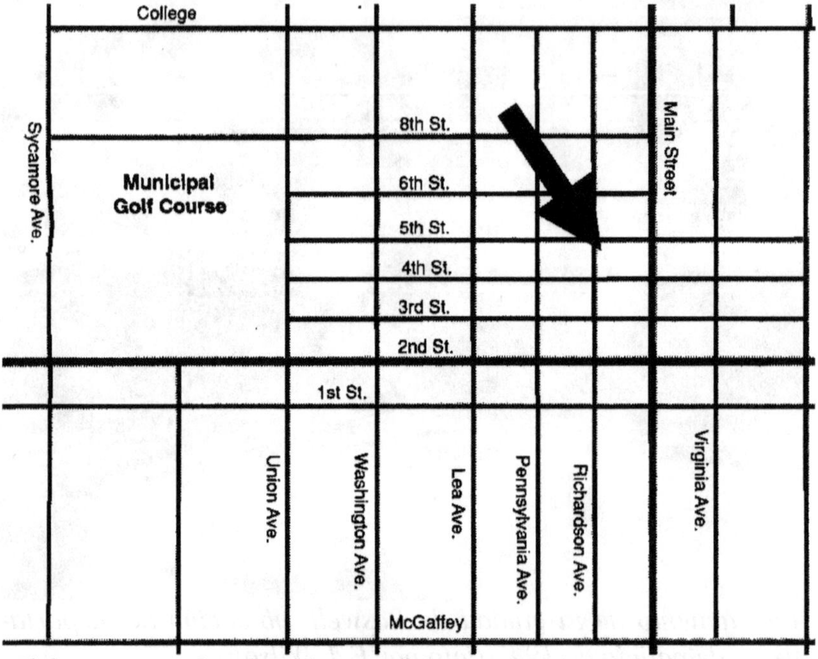

El departamento de policía de Roswell de 1947 fue ubicado en lo que es aún City Hall (cerca de 5th St. & Richardson.)

"Creo que nuestra conversación tuvo lugar dos días después de que las historias acerca de un platillo volador aparecieron en los periódicos de Roswell."

De acuerdo con autor Lynn Michelsohn, el departamento de policía de Roswell en 1947 fue ubicado en el edificio que todavía se utiliza como el ayuntamiento de la ciudad, en 425 North Richardson Avenue. El edificio fue construido en 1937 de diseños por el arquitecto C. R. Carr y socios. Cuando se visita esta ubicación, piense en los policías de la ciudad que visitaron el sitio del desplome de OVNI que despues ayudaron con seguridad alrededor del edificio8 4. ¿Por qué ninguno de ellos jamás dio testimonio acerca de su experiencia extraña? Tal vez los militares los mantuvieron en la oscuridad sobre los detalles de lo que ocurio ese julio de 1947.

Otra vista de Roswell City Hall (foto por E.J. Wilson)

CINCO:
OFICINA DEL SHERIFF

Condición: Edificio original demolido en 1996.
Localización: 442 North Main Street
Accesibilidad: Gobierno del condado.
Coordenadas Geograficas: 33.397099,-104.521244.

El edificio conteniendo la oficina y cárcel del sheriff del condado de Chaves, cual fue construida como un anexo para el palacio de justicia (en el lado oriental), fue demolido en 1996. Sin embargo, de pie al este del presente palacio de justicia, los visitantes pueden ver el sitio donde el Sheriff Wilcox escuchó al ranchero Max Brazel contar su historia asombrosa.

Cárcel del condado y la oficina del sheriff en la década de 1940 (cortesía de la sociedad histórica para el sudeste de nuevo México)

Cuando Brazel llegó a la ciudad después de encontrar los restos en el Rancho Foster se detuvo por la oficina del Sheriff Wilcox, para ver si él podría saber qué hacer con los escombros. Sheriff Wilcox estableció contacto con los militares en el campo del ejército y habló con comandante Jesse Marcel, oficial de inteligencia. Algunos de los escombros fueron escondidos en un rincon de la cárcel, pero después fueron confiscados por los militares. Sin embargo, la parte más impactante de la historia es lo que le paso al Sheriff Wilcox después de la visita del Brazel. En una declaración jurada de 1995, la nieta de Wilcox, Barbara Dugger, dijo, "mi abuelo fue allí al sitio del impacto de OVNI; fue en la noche. Habia una gran área quemada, y vio los desechos. También vio cuatro 'seres de espacio'. Uno de los seres estaba vivo. Sus cabezas eran grandes. Tenian trajes como de seda."

El Sheriff George Wilcox (cortesía de Kevin D. Randle)

En una entrevista en 1992 con Stanton Friedman, Dugger revelo por primera vez que el sheriff visitó el sitio de impacto final al norte de Roswell y vio los restos del OVNI y los cuerpos. Dugger escucho la historia de su abuela, Inez Wilcox, esposa del sheriff. Dugger dijo, "una noche estabamos viendo la televisión y en la televisión, salio algo acerca del espacio. Y mi abuela me dijo, 'Barbara, tu crees en eso, usted sabe, la vida fuera de la tierra,' y yo dije, 'usted sabe que si'." A continuación, Inez Wilcox dijo, "bueno, tengo algo que realmente me gustaría decirte esta noche, pero nunca quiero que lo digas a nadie. En la década del cuarenta, una nave espacial o platillo volador se estrelló fuera de Roswell." Cuando Dugger preguntó como sabía esto, la Sra. Wilcox respondió, "tu abuelo George era el sheriff en esa epoca."

Inez Wilcox, a continuación, explicó a Dugger cómo el sheriff se vio involucrado en el incidente de Roswell. "Alguien entró y le dijo a mi abuelo de este incidente que ocurrió fuera de Roswell. Mi abuela dijo que mi abuelo fue al sitio. Cuando llego allí, observo un gran área quemada, un área de estrelló, y, a continuación, vio los restos del OVNI."

Lado este del palacio de justicia del condado de Chaves (foto por E.J. Wilson)

Cuando Dugger bromeando preguntó si el Sheriff Wilcox había visto cualquier criatura del espacio, Inez respondió con seriedad, "sí, habi cuatro seres pequenos… Eran como gris, y abuelo dijo que sus cabezas eran grandes. Y los trajes que traiban puestos eran como de seda o algo asi." Una de las criaturas estaba viva, según Dugger. Tras presenciar esta escena, el Sheriff volvió a Roswell, armado con la noción de decirle a otros, incluyendo periodistas, acerca de las cosas asombrosas que había visto. Pero, de acuerdo con la Sra. Wilcox, el sheriff fue rápidamente enfrentado por los militares. "Cuando ocurrió el incidente, la policía militar llegó a la cárcel y le dijieron a George nadie de su familia debía hablar de los acontasimientos. Y si aun algien hablaba, no solo George sería asesinado, pero el resto de la familia tambien."

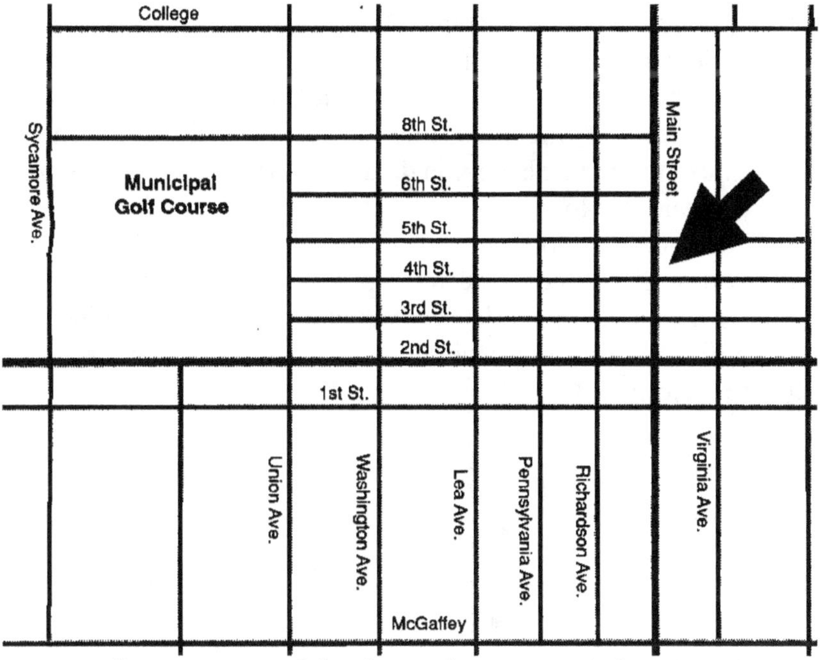

Sitio presente del palacio de justicia (4th & Main)

De acuerdo con Dugger, Wilcox nunca fue el mismo después del incidente de Roswell. Él se sorprendió por lo sucedido y después vivió con much miedo. No expresó ningún deseo de presentarse a la reelección como sheriff, y, de hecho, Inez Wilcox corrió en su lugar, pero fue derrotada. La familia de Wilcox fue de hecho profundamente marcada por los acontecimientos de julio de 1947.Detrás de la actual corte de condado de Chaves, se encontraba la cárcel y la oficina del sheriff en 1947. Fue aquí que algunos de los escombros misteriosos del rancho de Foster se mantuvieron durante un corto tiempo. También fue aquí que el Sheriff George Wilcox inicio una tormenta de fuego por ponerse en contacto con el ejército acerca lo que Mack Brazel encontro en su rancho. También fue aquí que la policía militar enfrente a Wilcox y amenazo su vida y la vida de los miembros de su familia.

La antigua oficina del Sheriff Wilcox fue, por desgracia, demolido en 1996, junto con la antigua cárcel. Sin embargo, uno puede todavía ir y visite el lado este del palacio de la justicia y ver el sitio donde el edificio estaba. De pie en el estacionamiento del oriente del palacio de justicia, podemos cerrar los ojos y imaginar cuando Brazel por primera vez le dijo a Wilcox su cuento increíble de los desechos metálicos que cayeron del cielo en su rancho. Pensamos también de la agonía de días y noches que Wilcox pasó aquí pensando en lo que él mismo vio en el sitio del desplome.

El lote de estacionamiento del lado oriental es de más fácil acceso después de horas de trabajo normales y los fines de semana. En estos tiempos, los visitantes no tendrán que lidiar con las multitudes, tráfico y aparcamientos llenos que son comunes durante la jornada de trabajo.

SEIS: PERIÓDICO DAILY RECORD

Condición: Edificio original demolido en 1997.
Localización: 424 North Main Street
Accesibilidad: Gobierno municipal.
Coordenadas Geograficas: 33.397303,-104.522977.

Para los estadounidenses en la década de 1940, los periódicos eran la mejor fuente de informacion. Hasta que algo aparecia en el periódico local, muchos no lo creian. Según la Asociación de periódicos de América, había 1,769 diarios en los Estados Unidos en 1947, dos de los cuales eran publicadas en Roswell, Nuevo México: el *Roswell Daily Record* y el *Roswell Morning Dispatch.*

Leased Wire
Associated Press

Roswell Daily Record

RECORD PHONES
Business Office 2288
News Department 2287

Movies as Usual

Claims Army Is Stacking Courts Martial

Indiana Senator Lays Protest Before Patterson

RAAF Captures Flying Saucer On Ranch in Roswell Region

House Passes Tax Slash by Large Margin

Defeat Amendment By Demos to Remove Many from Rolls

Security Council Paves Way to Talks On Arms Reductions

No Details of Flying Disk Are Revealed

Roswell Hardware Man and Wife Report Disk Seen

Ex-King Carol Weds Mme. Lupescu

Some of Soviet Satellites May Attend Paris Meeting

Roswellians Have Differing Opinions On Flying Saucers

American League Wins All-Star Game

Miners and Operators Sign Highest Wage Pact in History

Página del frente para el 8 de julio de 1947 (Wikimedia.org)

A pesar de que ambos periodicos informaron sobre el incidente de OVNI, el *Daily Record* tuvo la ventaja de publicar en la tarde. Fue primero en reportar cuando rompieron las noticias acerca de un OVNI recuperado al norte de la ciudad.

Walter G. Haut en el anuario 1946 de la base militar (cortesía de HSSNM)

En la tarde del 8 de julio, el Daily Record gritó el titular “La RAAF captura disco volador en rancho en la región de Roswell.” La historia se basa en un comunicado de prensa escrito por el oficial de información pública del campo de ejército, Teniente Walter Haut. Muchos años despues, Haut declaró que la historia era un intento por los militares de utilizar los restos encontrados en el rancho Foster para desviar la atención del público y mantener en secreto el actual sitio del desplome, donde realmente bajó el OVNI y donde los cuerpos fueron encontrados, algunas millas de distancia del rancho Foster.

El artículo de periódico afirmó, “la oficina de inteligencia del grupo de bombardeo 509 en el campo del ejército de Roswell anunció al mediodía de hoy, que el campo ha entrado en posesión de un platillo volador. De acuerdo con información publicada por el departamento, sobre la autoridad de comandante J. A. Marcel, oficial de inteligencia, el disco fue recuperado en un rancho en las inmediaciones de Roswell, después de que un ranchero no identificado notifico a Sheriff Geo. Wilcox, aquí, que había encontrado el instrumento en sus locales.

"Major Marcel y un detalle de su departamento fueron al rancho y recuperaron el disco, se dijo. Después de la inteligencia oficial aquí había inspeccionado el instrumento que fue llevado a la sede de la más alta. La oficina de inteligencia declaró que no había sido revelado ningún detalle de la construcción del platillo o su apariencia."

El periódico también contenia la historia del avistamiento OVNI hecho por Dan Wilmot y su esposa, una semana antes. La inclusión del avistamiento fue un aparente intento por el diario para localizar cualquier residente de Roswell, que podrían haber visto algo extraño en el cielo por encima de la ciudad en el mismo período de tiempo.

La Plaza Pionera, donde el edificio de Roswell Daily Record una vez se encontraba (foto por E.J. Wilson)

En una declaración jurada de 1993, el ex Teniente Haut explicó lo que pasó detrás de la escena antes de que la versión de la historia que despues apareció en la portada de *Roswell Daily Record.*

Marcador histórico está cerca el antiguo sitio de Roswell Daily Record (foto por E.J. Wilson)

Dijo Taut, "Aproximadamente a las 9: 30 am el 8 de julio, recibí una llamada del Coronel William Blanchard, el comandante de la base, que dijo que tenía en su posesión un platillo volador o sus partes. Dijo que procedía de un rancho noroeste de Roswell, y que el oficial de inteligencia, comandante Jesse Marcel, iba a volar el material a Fort Worth." Esta breve declaración habla volúmenes sobre la logística de la operación para recuperer el OVNI. Tambien muestra que un plan ya estaba en marcha para lanzar una manta del secreto sobre el asunto entero. "Yo creo que Coronel Blanchard vio el material, porque él sonaba positivo acerca de lo que fue el material. No hay ninguna posibilidad de que se hubiera equivocado con un globo meteorológico. Tampoco es posible que commandante Marcel hubiera sido equivocado.... Estoy convencido de que el material recuperado fue algún tipo de nave espacial."

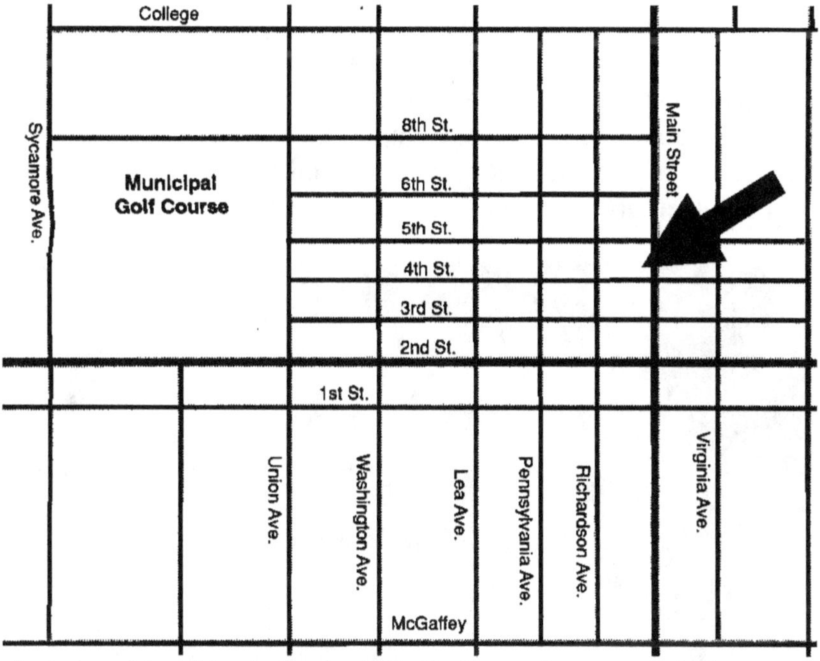

Antigua ubicación de Roswell Daily Record, cerca de la intersección de la Main y 5th

En 2002, Haut firmo otra declaración, la cual permanecio cerrado hasta su muerte en 2005. Este segundo documento dio mucho más detalle sobre el incidente de OVNI. En ella, Haut dijo, "yo era consciente de que alguien había encontrado los restos de un estrellamiento, por la mañana después de mi regreso a deber en la base, el lunes 7 de julio. Era consciente de que Major Jesse A. Marcel, jefe de inteligencia, fue enviado por el comandante de la base, Coronel William Blanchard, para investigar."

La declaración de 2002 menciona por primera vez lo que muchos habían sospechado por largo tiempo – que hubo un segundo sitio de desplome (no en el rancho Foster) y que el ejército hizo todo lo posible para desviar la atención del publico tocante el segundo sitio. Lograron esto con exagerar la importancia de los restos encontrados en el rancho de Foster.

"Por la tarde, ese mismo día, aprendi de informes adicionales con respecto a un segundo sitio justo al norte de Roswell," Haut dijo.

En una reunión de personal de la base el 8 de julio, cual asistieron Haut y otros oficiales de Roswell, así como otros oficiales del ejército visitando de otras bases, se decidió que "atención debe ser desviado desde el sitio más importante al norte de la ciudad al reconocer la ubicación (Rancho Foster). Muchos civiles ya estaban involucrados y ya se informó a la prensa."

Edificio del periódico sólo quedaba de esta ex estación de Conoco (foto por E.J. Wilson)

Fue entonces que el coronel Blanchard dictó un comunicado de prensa a Haut, que se dirigió a distribuir a los dos periódicos locales y las dos estaciones de radio locales. El encubrimiento de Roswell se puso oficialmente en marcha, los investigadores afirman.

Al visitar la Plaza Pionera de Roswell, donde el edificio del *Roswell Daily Record* una vez estuvo, mirar hacia la parte norte de la plaza. Las oficinas del periódico estaban allí en 424 N. Main Street, derecha junto a la ex estación de servicio Conoco, que sigue en pie en 426 N. Main Street. La antigua estación de servicio es ahora un centro para visitantes.

Para la investigación orientada, todos los periódicos del *Roswell Daily Record* de julio de 1947 (y muchas otras fechas) están disponibles en microfilm en la biblioteca pública de Roswell, en el 301 N. Pennsylvania Avenue. Llame a la biblioteca para su horario y para obtener información adicional, 575-622-7101, o visite *www.roswellpubliclibrary.org*.

SIETE:
EMISORA DE RADIO KGFL

Condición: Edificio aún se encuentra, pero es ahora un negocio llamado Peluquería Elegante.
Localización: 310 North Richardson Avenue
Accesibilidad: Negocio- abierto al público.
Coordenadas Geograficas: 33.395803,-104.524505.

KGFL (*Mantener la buena gente escuchando*), 1400 AM, fue una estación de radio de Roswell que llegó a ser altamente involucrada en el incidente de OVNI de 1947.

La emisora de radio KGFL en la década de 1940 (cortesía de HSSNM)

La historia de pequeños cuerpos humanoides, habiendo sido recuperados en el OVNI de Roswell crash primero salio a la luz en este lugar histórico.

El edificio que una vez albergó KGFL es ahora un negocio privado llamado Peluquería Elegante, localizada en la intersección de la calle Third y avenida North Richardson. El 6 de julio de 1947, locutor de radio Frank Joyce de KGFL recibió una llamada teléfonica del ranchero W.W. "Mack" Brazel, quien le conto a Joyce la increíble historia de los desechos metálicos que caeron en su rancho y de unos cuerpos extranos que Brazel descubrió alli. Brazel se refirió a los cuerpos como "gente pequeña" y le dijo a Joyce, "no son monos y no son humanos."

Ranchero W.W. "Mack" Brazel en 1947 (cortesía de HSSNM y Roswell Daily Record)

Brazel le pregunto a Joyce lo que debia hacer acerca de las cosas extrañas que se encontró en su rancho. Joyce sugirió que él contacte al campo del ejército de Roswell. Al día siguiente, el propietario de la estación KGFL Walt Whitmore, Sr. dispuesto a entrevistar a Brazel lo trajo a la ciudad para una entrevista de radio exclusiva acerca del desplome de OVNI. La entrevista se llevó a cabo en la tarde del 7 de julio en la casa de Whitmore en Roswell, tal como se describe en el capítulo 12.

Mientras tanto, el 8 de julio, Teniente Walter Haut paso por KGFL para entregar el comunicado de prensa del famoso "disco volador", como dijo en su declaración de 1993: "Coronel Blanchard me dio un comunicado de prensa sobre la operación y la entrege a los periódicos y las estaciones de radio en Roswell. Quería que los medios de comunicación locales tuvieran la primer oportunidad de reportar en los acontesimientos. Fui primero a KGFL, a continuación a KSWS, luego al *Daily Record* y finalmente al *Morning Dispatch*

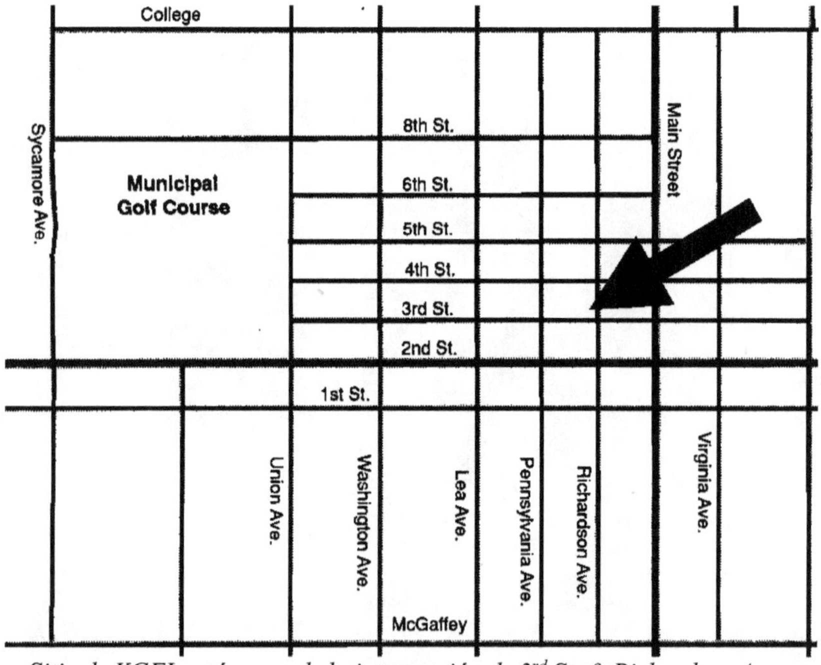

Sitio de KGFL está cerca de la intersección de 3rd St. & Richardson Ave. (Elegante Hair Salon)

Al llegar al KGFL, Haut entregó el comunicado de prensa a Frank Joyce. Joyce más tarde le dijo al diario de Albuquerque, "[Haut] entra y me dice, 'aquí esta su historia.' Y se va prácticamente a la puerta. Agarre la historia y lei inmediatamente -

"Cuerpo aéreo del ejército de Estados Unidos tiene un platillo volador." Y le dije a Haut, 'Hey, espere un minuto. No sé si en realidad debo de usar esto' y Haut respondió 'la historia está bien.'

Antiguo sitio de la emisora de radio KGFL (foto por E.J. Wilson)

"Pronto abri la puerta y corri fuera. En 40 segundos estaba en oficina del telégrafo Western Union. Dije, "Envie esto inmediatamente." La asistente lo envió a Santa Fe, bang, justo como ese. Esperó que lo envíe y, a continuación, agarre la copia y regrese con ella a la emisora de radio.Sonó el teléfono y era las oficina de Santa Fe de la United Press, queriendo mas detalled sobre la historia.

"Entonces vino el 'flash,' que sono con cinco campanas. Bing, bing, bing, bing, bing. Dijo yo, 'Aquí comienza. Aahora todo infierno va a soltarse.' El teléfono comienza a sonar. Tomé la historia la lei en el aire como un boletín."Algunos días despues, unos soldados trajieron a W.W. "Mack" Brazel a KGFL bajo escolta militar para revisar su historia anterior de lo que vio en el rancho Foster. Con los soldados cerca a mano, Brazel le dijo a Joyce que lo que vio debia haber sido un globo meteorológico, como los militares insistieron. Joyce se opuso a los cambios sustanciales que Brazel quería hacer en la historia original y dijo, "la historia es diferente, especialmente la parte de los pequeñitos hombres verdes. Brazel respondió, casi sin pensar, "no eran verdes." Esta declaracion de Brazel acerca de ver cuerpos extraños es un momento clave en el misterio de Roswell, porque anteriormente se consideraba que Brazel había visto solo los desechos metálicos en su rancho.

Al visitar el antiguo edificio de KGFL en 310 North Richardson Avenue, reflexionar sobre los acontecimientos importantes que tuvieron lugar aquí. Según Frank Joyce, dentro de este edificio Mack Brazel dos veces declaro que encontró extraterrestres junto con los escombros en el rancho Foster. Brazel describió los seres como "pequenos" y "no" verde", y, de acuerdo a Joyce, dijo que definitivamente no eran seres humanos o monos.

OCHO: EMISORA DE RADIO KSWS

Condición: Edificio todavia existe.
Localización: 401 North Richardson Avenue
Accesibilidad: Propiedad privada.
Coordenadas Geograficas: 33.396553,-104.524344.

Durante el 8 de julio de 1947, la segunda parada de Teniente Walter Haut en repartiendo copias de la famosa nota de un "disco volandor" fue en la difusora de radio KSWS, como el despues declaro, "fui primer a KGFL y, a continuación, a KSWS...."

Típico de los años cuarenta equipos de radio, que se muestra en el Museo OVNI de Roswell (foto por Noe Torres)

Según Randle y Schmitt, dos días antes de la llegada de Haut con el comunicado de prensa, el gerente general de KSWS y copropietario John McBoyle había ido al sitio donde se estrelló el OVNI. McBoyle dijo que el sitio estaba como 40 millas al norte de Roswell, y dijo que había visto un objeto que parecía "una palangana para lavar los platos que se habia machacada." McBoyle dijo que el objeto era de 25 a 30 pies de largo y parecía estrellado en el lado de una pequeña colina. Sorprendido por lo que vio, McBoyle inmediatamente contacto a KOAT, difusora de radio afiliada en Albuquerque, Nuevo México, para informarles de su descubrimiento.

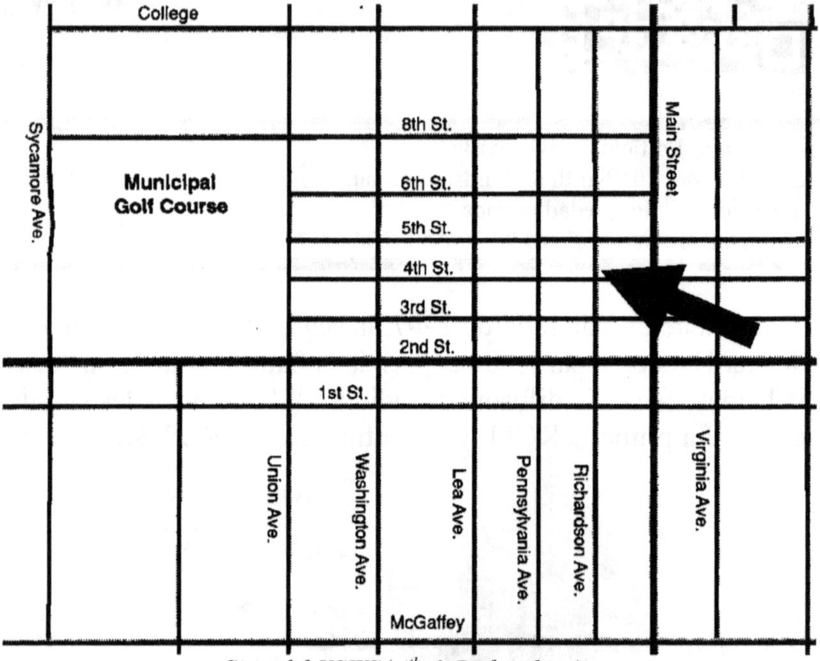

Sitio del KSWS(4th & Richardson)

La historia de lo que vio McBoyle primero salio a la luz en 1993, cuando presentó una declaración jurada Linda Sleppy, que trabajaba en KOAT cuando llegó la llamada de McBoyle. Sleppy dijo, "en 1947, trabajé en KOAT Radio en Albuquerque, Nuevo México. Mis deberes incluyeron operar el teletipo de la estación, donde recibiamos las noticias y nos permitia enviar historias a las redes de ABC y Mutual, con el que estaba afiliado KOAT.

Ella pasó a contar de la llamada teléfono frenética que recibió de McBoyle en relación con el desplome de un objeto desconocido en un rancho al norte de Roswell. "McBoyle dijo que tenía algo caliente para la red. Utilizando el teletipo, alertó a la sede de ABC News en Hollywood a esperar una historia importante…."

Sleppy recordó que McBoyle le dijo, "Una de estas cosas voladoras se accidento aquí al norte de Roswell." McBoyle añadió que él estuvo en una cafetería en Roswell cuando vio Mack Brazel y el ranchero dijo que encontro un objeto extraño, mientras caminando por el rancho. Brazel ofreció a tomar McBoyle a la estancia para ver el objeto.

Sleppy afirmó en su declaración: "mientras prepare para mandar la historia de McBoyle por el teletip, una campana sonó, que indica una interrupción. La máquina, a continuación, imprimio un mensaje algo a este efecto: 'este es el F.B.I. (policía federal) - USTED DEJARÁ INMEDIATAMENTE DE TODAS LAS COMUNICACIONES.' Aunque no recuerdo las palabras precisas, definitivamente recuerdo que el mensaje fue de la F.B.I. y que me dirigio que dejara de transmitir."

Hasta 2017, la antigua estación de radio era un restaurante llamado Shlotzky's, pero a partir de la redacción de este libro, hay otra empresa en el sitio. Fue aquí que llegaron las noticias que algo fuera de este mundo se estrelló al norte de Roswell.

Antigua ubicación de la difusora de Radio KSWS (foto por E.J. Wilson)

NUEVE: PERIÓDICO MORNING DISPATCH

Condición: Edificio aún se encuentra, pero es ahora tienda de regalos adyacente al Museo de OVNI.
Localización: 114 North Main Street
Accesibilidad: Negocio- abierto al público.
Coordenadas Geograficas: 33.393563,-104.522909.

El famoso comunicado de prensa acerca del "disco volador" fue entregada aquí por Walter Haut el martes, 8 de julio de 1947. Fue la última de los medios de comunicación locales para recibir una copia del informe. Haut ya había dejado copias en KGFL, KSWS y el *Roswell Record.*

ROSWELL MORNING DISPATCH

Army Debunks Roswell Flying Disk As World Simmers With Excitement

American Leaguers Eke 2-1 Victory From National Stars

Lewis' Miners Return To Pits With Fat Raises

Thirteen Nations Accept Bids To Econ Aid Talks

Reds Blame US Britain For Greek Situation

Officers Say Disk Is Weather Balloon

OBJECT FOUND ON FOSTER RANCH CAUSES EXCITEMENT

Página frontal del 9 de julio de 1947 (Universidad de nuevo México – Albuquerque)

El periódico *Morning Dispatch*, propiedad de la empresa Dispatch Publishing de Roswell, fue publicado todos los días, excepto los lunes, desde el 2 de octubre de 1928 hasta el 31 de marzo de 1950. Las oficinas del periódico estaban ubicadas en el pequeño edificio que ahora es la tienda de regalos del Museo Internacional de OVNI en 114 North Main Street. Es interesante observar que el *Morning Dispatch* dejó de publicarse menos de un año después del incidente de OVNI en Roswell, y sus operaciones fueron absorbidas por el *Daily Record.* ¿Es posible que el periódico sucumbió a la presión sobre su investigación del evento? Nadie sabe de determinados. ¿El papel tal vez investigo mucho más de lo que era cómodo con el gobierno?

A continuación esta la historia del OVNI titulada "Disco Volandor transforma de la oficina del sheriff a una sala de prensa internacional," desde el 9 de julio de 1947:

"Informes del descubrimiento de un presunto 'platillo volador' aproximadamente 90 millas al noroeste de aquí transformaron la oficina del sheriff del condado a una sala de gran emoción ayer por la tarde cuando varias agencias de noticias de todo el mundo buscaban informacion sobre el misterioso objeto.

"George Wilcox, el sheriff, fue encadenado a través de su teléfono a los periódicos, cadenas de radio y altos funcionarios de la prensa internacional, mientras las líneas de larga distancia permanecian ocupadas con continuas peticiones para su oficina.

"El furor comenzó el lunes cuando W. W. Brazel, un ranchero que vive en el ranch de los Fosters, ubicado a 25 millas al sureste de Corona, Nuevo México, entró en la oficina y dijo que había encontrado un objeto parecido a los discos voladores. Sheriff Adjunto B. A. Clark, quien recibio el reporte, inmediatamente notifico a Sheriff Wilcox, quien a su vez entregó la información a las autoridades del ejército en la RAAF.

"Según el Sr. Brazel, el objeto tenía la forma de un cometa de cuadro. Se rompió en dos. El tamaño del disco presunto era, contrario a las descripciones anteriores, rectangulares y medidos aproximadamente tres pies por cuatro pies.

"El comandante Jesse A. Marcel de la inteligencia del grupo de bomba 509 inmediatamente fue al rancho y recogió el objeto. Ningún miembro de la oficina del sheriff local vio el artículo en cualquier momento. Fuentes del ejército no divulgaron cualquier descripción de la apariencia exterior o interior del disco.

"Tras el comunicado de prensa, el Sheriff Wilcox fue objeto de una tormenta de preguntas de parte de periodistas en San Francisco, Boston, Los Angeles, Nueva York, Nueva Orleans, Baltimore, San Luis, Denver, Albuquerque, Milwaukee, Santa Fe, Chicago, Washington y la ciudad de México. La llamada telefónica de más larga distancia fue de Londres, cuando el *Daily Mail* de Londres y otros periódicos llamaron buscando información.

Tienda de regalos - entrada de izquierda es el antiguo sitio del periódico (foto por E.J. Wilson)

"Las redes de las principales emisoras de radio, incluyendo N.B.C., C.B.S., Trans Radio, además Associated y United Press y el servicio internacional de noticias también establecieron contacto con Wilcox. Otros en la cabalgata fueron Paramount News y International News Photo.

"La secuencia de llamadas continuó hasta tal punto que llamadas de Roswell a otros partes eran casi imposible. Si por casualidad el teléfono dejaba de sonar y alguien lo levantara, la operadora inmediatamente anunciaba que otra llamada de larga distancia estaba pendiente.

"La operadora de Londres, con un pronunciado dificil, presentó un problema de traducción para el sheriff. Las tentativas en la comunicación de parte de ambos fue muy interesante y divertido.

"En respuesta a varias preguntas, Sheriff Wilcox sólo podria dar la ubicación donde se encontró el objeto y el nombre de la persona que la encontro. Otras descripciones del objeto no estaban disponibles."

El editor del *Morning Dispatch* en 1947 fue Arthur R. McQuiddy, que despues dio una declaración jurada con respecto a qué sabía acerca del OVNI: "en julio de 1947, era editor del periódico *Morning Dispatch*, uno de los dos periódicos aquí en esa epoca. En 1948, deje el papel para trabajar como director de relaciones públicas para la asociación de petróleo y gas de Nuevo Mexico. Y despues me uni a U.S. Steel como director de relaciones con los medios. Despues de algunos once años, volví a Roswell después de retirarme como Vicepresidente de relaciones corporativas en International Harvester.

"Justo antes del mediodía un día a principios de julio de 1947, Walter Haut, el oficial de relaciones públicas en el campo del ejército (RAAF), trajo un comunicado de prensa a mí oficina en el *Morning Dispatch*. La nota dijo que un platillo volador se había estrellado, capturado por los militares de Roswell, y enviado a otra base militar en los Estados Unidos.

"Haut ya había pasado por las dos estaciones de radio locales, KGFL y KSWS, antes de llegar al periodico, por lo que le di un mal momento acerca de eso. Haut explico que los comunicados del baso fueron distribuidos cada vez en diferente orden. Nuestra edición de ese día ya se había publicado, pero me gustaria haber sido el que rompio la historia sobre el cable de la Associated Press. George Walsh, el gerente de programas en KSWS, ya había mandado la historia a la A.P.

"No mucho después de que Haut se fue, nos llego una llamada de la RAAF. El llamador dijo que la versión era incorrecta, que lo que se encontró en el Rancho Foster fue realmente los restos de un globo de radiosonda. Sin embargo, la historia de cable de la A.P. había llegado a la atención del mundo. Pasé el resto de la tarde tomando llamadas de larga distancia de periodistas en otros paises. Recuerdo que recibimos llamadas desde Roma, Londres, París y Hong Kong.

"El Coronel William H. Blanchard ('Butch'), comandante de la RAAF y su grupo de bomba 509, fue un buen amigo mío. A menudo nos juntabamos para una bebida, y hablábamos de manera informal tocando noticias de la ciudad y de la base militar. Después del incidente del platillo volador, pedi varias veces para que Blanchard me dijiera la historia real, pero se negó reiteradamente a hablar de ello.

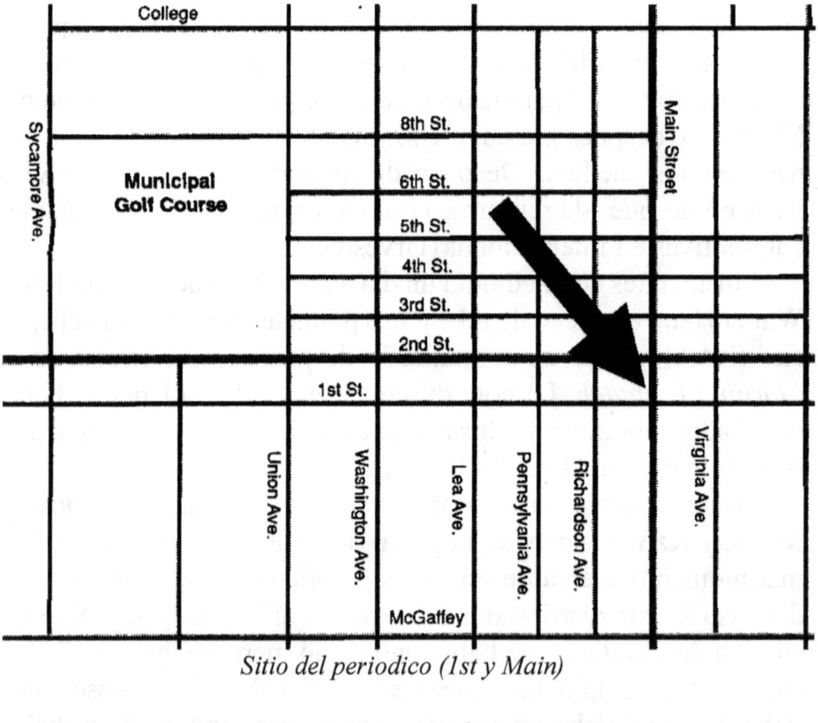

Sitio del periodico (1st y Main)

"Acerca de tres o cuatro meses después del evento, cuando estábamos un poco más relajados, intente de nuevo. Blanchard a regañadientes admitió que había autorizado el comunicado de prensa. Entonces, como mejor recuerdo, dijo, 'le diré esto y nada más. Las cosas que vi, nunca he visto algo igual en mi vida.' Eso era todo que me dijo, y nunca hablo más al respecto."

DIEZ:
TEATRO PLAINS / MUSEO OVNI

Condición: Edificio aún existe, pero es ahora el Museo OVNI.
Localización: 114 North Main Street
Accesibilidad: Negocio- abierto al público.
Coordenadas Geograficas: 33.39369,-104.522903.

Junto a las antiguas oficinas del *Morning Dispatch* esta el Museo OVNI, cuyo título oficial es Museo Internacional de OVNIs y Centro de Investigación.

Foto de 1947 del teatro Plains (cortesía de HSSNM)

El museo está ubicado en el antiguo teatro Plains, construido en 1946 y como tal tiene una conexión histórica con el tiempo del incidente de OVNI. El Museo OVNI, que abrió en el viejo teatro en 1997, pronto será trasladado a un edificio mucho más grande y más elegante ocho cuadras más al norte en la calle principal. Durante la época del incidente de Roswell, el teatro había estado abierto menos de un año.

MuseoOVNI (foto E.J. Wilson)

Diseñado por el arquitecto Jack Corgan para una empresa llamada *Theater Enterprises*, fue construida de hormigón armado y ofrecia 1,000 asientos en la planta principal con unos 30 asientos adicionales para "patrones de color", ubicados frente a un lado de la cabina de proyección. El teatro fue hecho en un estilo "arte moderno" y su exterior estaba adornado con un elegante signo vertical y un recuadro de triángulo. Patrones de teatro en 1947 incluían muchos de los soldados estacionados en el campo del ejército de Roswell. No sólo fueron los soldados patrones frecuentes en las cinco casas de película de Roswell, pero ocasionalmente incluso trabajaron a tiempo parcial allí durante las horas de la noche.

En julio de 1947, de los seis teatros en Roswell, el Teatro Plains fácilmente era el más moderno y más popular de todos. Los otros teatros fueron: la Yuca, el Chief, el Trieb, el Chávez y el Pecos.

Durante la semana del incidente de Roswell, el Teatro Plains mostraba la pelicula "Cheyenne", protagonizada por Dennis Morgan y Jane Wyman. En la película, Morgan es un "jugador" que decide atrapar a un ladrón misterioso conocido sólo como "El poeta." Sin embargo, ningúna fantasia de Hollywood podría llegar cerca a los eventos increibles que estaban a punto de desplegarse en la tranquila ciudad de Roswell. En una historia difil para entender, el estrellamiento de un OVNI al norte de la ciudad estaba a punto de sacudir el mundo, algo que continuaría durante décadas.

Finalmente, el teatro Plains se convertio al Museo OVNI. Fue fundada como una organización no lucrativa en 1991 por dos hombres profundamente involucrados en el incidente de Roswell, Walter Haut y Glenn Dennis. El museo abrió al público en 1992. Fue ubicado en dos lugares diferentes antes de trasladarse al viejoTteatro Plains en 1997. El museo fue un éxito inmediato y ahora recibe cerca de 200.000 visitantes cada año. Fue nombrado "mejo destino turístico de Nuevo México" por la Asociación de Turismo de Nuevo México en 1996 y también negocio "Main Street" del año en 2003. Otro alto honor llegó en 2003, cuando Roswell, fue incluyendo su famoso Museo, fue incluido en el libro *Mil Lugares Para Ver Antes de Morir*.

En 1995, el museo celebró el primer Festival de OVNI durante la primera semana de julio, en conmemoración del famoso incidente de Roswell en 1947. El festival fue otro éxito rotundo para el museo y dos años más tarde, 50,000 personas se presentaron para el festival de 1997. De repente, los residentes de Roswell, muchos de ellos anteriormente mal informados o apáticos sobre el famoso incidente OVNI, vieron el festival como una situación de ganar-ganar para la ciudad. Reconociendo la posibilidad de reactivar la deteriorada economía de la ciudad, los funcionarios locales comenzaron un gran esfuerzo para capturar el "Turismo OVNI." Con la esperanza de complementar el éxito del museo, la ciudad tomo la ventaga del festival del museo con eventos especiales a lo largo de Roswell patrocinados por la ciudad.

Otra vista del Museo OVNI (Photo by E.J. Wilson)

El Museo OVNI está abierto todos los días de 9 a.m. a 5 p.m. Se cobra una tarifa de admisión. Está disponible una gira audio autoguiada – pregunte a la entrada.

La planta baja del museo cuenta con una gran área de exposiciones relacionadas con el incidente de Roswell y que consiste en fotografías, recortes de prensa, artefactos, dioramas, modelos y otros elementos. Una de las exposiciones más llamativas es una recreación de la escena "autopsia extraterrestre" de Roswell, la de una película de 1994 producida por Paul Davids. La exposición contiene reales puntales de la película, incluyendo la figura de un extraterrestre en cama de hospital.

Otras exposiciones centran en el fenómeno OVNI en general, con la muestra sobre temas tales como círculos en la cosecha, Area 51, viaje interestelar, las luces de Lubbock y así sucesivamente. Para que los visitantes del museo beneficien plenamente de su visita, necesitan bastante tiempo para lentamente observar todo y pasar tiempo leyendo materia textual en la muestra. Dada la tesis firme del Museo, que los OVNIs son reales, sus exposiciones están orientadas a la investigación y contenido enriquecido, en lugar de ser estrictamente "visual" o orientados al entretenimiento. Debe permitir por lo menos dos horas y posiblemente cuatro, para apreciar este increíble almacén de información de OVNI.

Además de la riqueza de exposiciones en el piso principal, el Museo cuenta también con una gran biblioteca con una amplia colección de libros relacionados con OVNI y otros materiales. La biblioteca es una bendición para todos que desean más informacion sobre el incidente de Roswell o cualquier tema relacionado con OVNIs y lo paranormal.

Exploración del Museo OVNI es una necesidad absoluta para todo el mundo tras el proyecto de gira en este libro. Le recomendamos visitar el Museo como su última parada, después de haber visitado todas las ubicaciones claves relacionados con el incidente de Roswell. Aunque se recomienda visitar el Museo al fin, algunos lectores pueden preferir visitarlo en primer lugar, en preparación para su gira – y esto es sin duda muy bien, también.

ONCE: RUTA DEL CONVOY MILITAR

Condición: Camino público.
Localización: Hwy 285 (S. Main St.) del norte al sur, a través de la ciudad.
Accesibilidad: Abierta al público.
Coordenadas Geograficas – Inicio (2nd & Main): 33.39424,-104.522772.
Fin (base militar): 33.314947,-104.523301.

Al continuar para el sur hacia la base aérea, se reconstruya la ruta de un convoy militar muy extraño que, según testigos, se trasladó a través de la ciudad en julio de 1947.

La calle Main en la década de 1940 (cortesía de HSSNM)

De acuerdo a un número de testigos, después de que los militares recuperaron el OVNI al norte de la ciudad, fue puesto en un camión, cubierto con una lona y desfilada por el centro de la ciudad en plena luz del día.

Desde su accidente en algún lugar al norte de Roswell, el OVNI derribado fue puesto por el ejército en tráiler de superficie plana (llamado un "lowboy"), casi completamente cubierto por una lona y, a continuación, estirado por camión tractor en la carretera 285, por el medio de Roswell. Un número de jeeps con soldados armados con ametralladoras acompañaron el camión. El "convoy" camino a través de la ciudad en plena luz del día, llegando al fin al Edificio 84 en el campo del ejército de Roswell.

Aunque el extraño objeto estaba cubierto por una lona, algunos pobladores que vieron el convoy pasar describieron la forma debajo de la lona como una forma de huevo o cónica, segun Carey y Schmitt. Otro testigo dijo que la forma bajo la lona parecia un automóvil de tipo Volkswagen. Otro testigo, que estaba en medio de un trabajo de techar cuando el convoy pasó, afirmó haber visto piezas de metal retorcida en el tráiler.

Moviendonos al sur en la calle principal, pensamos como seria haber visto ese convoy militar, llevando consigo el extraño objeto cubiertas de lona. Sin duda fue algo muy impresionante, sobre todo porque la mayoría de los residentes de Roswell ya habían oído rumores de algo muy extraño que se estrelló al norte de la ciudad y que los militares andaban recuperando el objeto derribado. Aunque puede parecer extraño que los militares elegirían transportar el OVNI por el centro de la ciudad durante el día, los investigadores dicen que sus opciones fueron muy limitadas. Muchos civiles ya sabían de la ubicación del estrellamiento, donde los militares habían recogido la parte principal de la nave y los cuerpos. También, los rumores de un OVNI estrellado continuaban surgiendo a través de la ciudad, ejerciendo presión sobre el ejército para actuar con rapidez y decisión.

Dado que los convoyes militares eran una vista común en Roswell, se tomó la decisión de continuar con el transporte por la ruta más rápida y más eficiente: recta a través de la ciudad. Fue una dramática y audaz apuesta, y sin embargo, en su mayor parte, funcionó. Muy pocos ciudadanos de Roswell fijaban mucho la procesión militar tan temprano en la mañana por la calle principal. Ocultar el OVNI "en plena vista" fue una estrategia exitosa para el ejército de Estados Unidos.

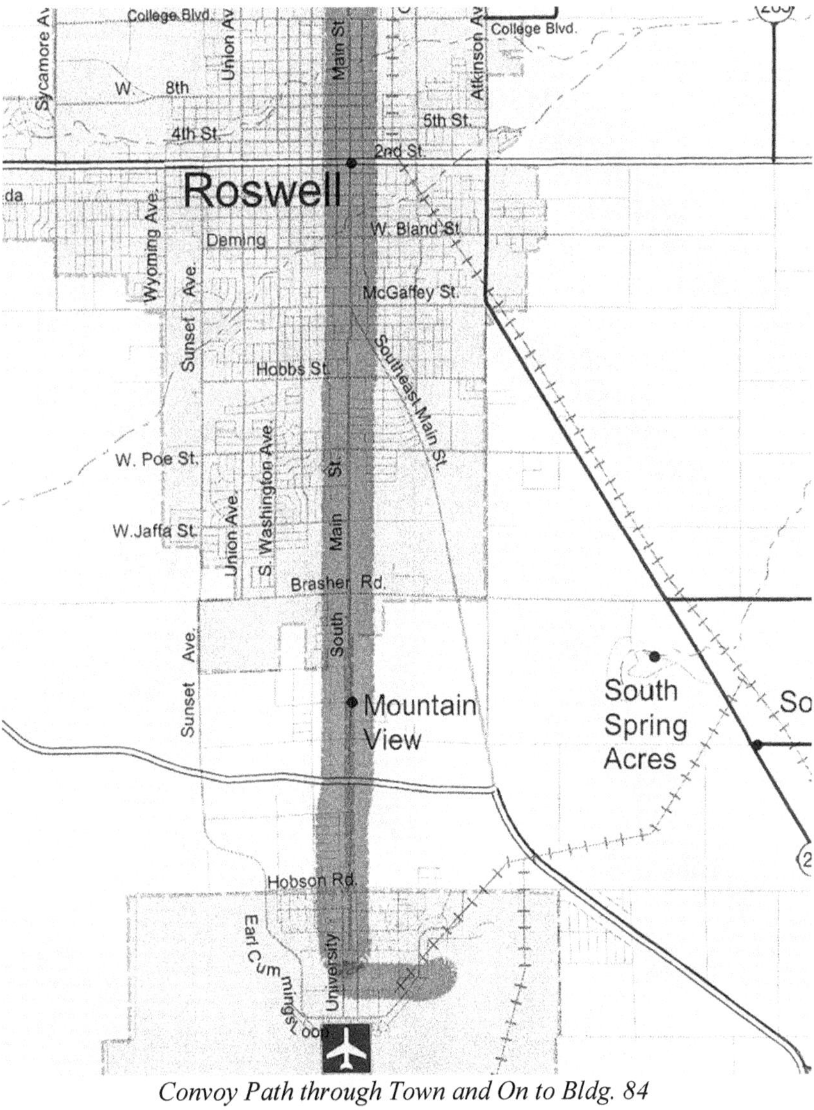

Convoy Path through Town and On to Bldg. 84

Curiosamente, cada cuarto de julio, durante el Festival de OVNI, la ciudad de Roswell celebra un gran desfile por la calle principal, empezando en College Boulevard y continuando hacia el sur en la calle principal. Carrozas y dioramas representan escenas diferentes de platillos voladores. Mirando el extraño ensamblaje de vehículos y carrozas pasar por la calle Main, uno siente la ironía en el hecho de que esa era la ruta actual que fue tomada por el ejército de Estados Unidos en 1947 cuando transportaron el OVNI estrellado al campo del ejército de Roswell.

Este escenario recuerda los llamados "cultos de carga" del Pacífico Sur, donde los isleños aislados vieron aviones estadounidenses volando en el cielo durante la segunda guerra mundial. Porque nunca antes habían visto aviones, procedieron a construir aviones simulacros e incorporarlas en sus fiestas religiosas. Construyeron pistas falsas, torres de control, aviones y equipos electrónicos en honor de las increíbles máquinas voladoras y instrumentos asociados que vieron a los soldados estadounidenses utilizando. ¿Sera posible que, frente a la tecnología mucho más avanzada de nuestra, nosotros reaccionamos de manera similar a estos cultos de carga?

DOCE: FUNERARIA BALLARD

Condición: Edificio aún existe.
Localización: 910 South Main Street
Accesibilidad: Negocio (funeraria).
Coordenadas Geograficas: 33.383979,-104.522999.

En una tarde calurosa en julio de 1947, Glenn Dennis de 22 años de edad estaba trabajando como un embalsamador en la funeraria Ballard, que celebró un contrato para suministrar servicios mortuorios y servicios de ambulancia para el campo del ejército de Roswell. De repente sonó el teléfono, y Dennis respondió. En una declaración jurada de 1991, Dennis recordó, "una tarde, alrededor de 1: 15 o 1: 30, recibí una llamada del oficial de base funerario que quería saber cuál es el más pequeño ataúd, cerrado herméticamente, que teníamos a mano. Dijo, «Necesitamos saber esto en caso que algo suceda en el futuro». Preguntó cuánto tiempo tomaría en conseguir uno, y le asegure que podía obtenerle uno al día siguiente. Dijo que me llamaría si actualmente lo necesitaba."

Funeraria Ballard (foto E.J. Wilson)

Aunque la llamada parecía muy extraña, Dennis la puso fuera de su mente y regresó a su trabajo en la funeraria. Dentro de una hora, el teléfono sonó otra vez, y el mismo oficial funerario del ejército pidió que Dennis le explicara la preparación de cuerpos que estuvieron fuera en el desierto por un período de tiempo. Dennis dijo, "antes que podía responder, dijo que específicamente quería saber cual efecto tendría en el cuerpo la preparación funeraria en los compuestos químicos, sangre y tejidos. Expliqué que nuestros productos químicos eran principalmente fuertes soluciones de formaldehído y agua, y que el procedimiento probablemente cambiaba la composición química del cuerpo. Ofrecí a salir a la base para ayudar con cualquier problema que podría tener, pero reiteró que la información era para uso futuro. Sugerí que podría intentar congelar el cuerpo en hielo seco para el almacenamiento y transporte."

Glenn Dennis

Una vez más terminó la llamada y Dennis regresó a su trabajo, aún desconcertado por las extrañas solicitudes desde la base militar. En como una hora más, sin embargo, otra llamada le llegó de la base. Esta vez, el ejército pidió que Dennis fuera al centro de la ciudad de Roswell para recoger una soldadura que había sido herido en un accidente de motocicleta. Sigiendo las instrucciones, Dennis recogio al soldado herido y se lo llevo al hospital de la base militar. A su llegada, ayudó al joven de la ambulancia y le ayudaba por la rampa hacia la entrada trasera del hospital, cuando él se dio cuenta de actividad extraña sucediendo allí

.

Otra vista de la Funeraria Ballard (foto por E.J. Wilson)

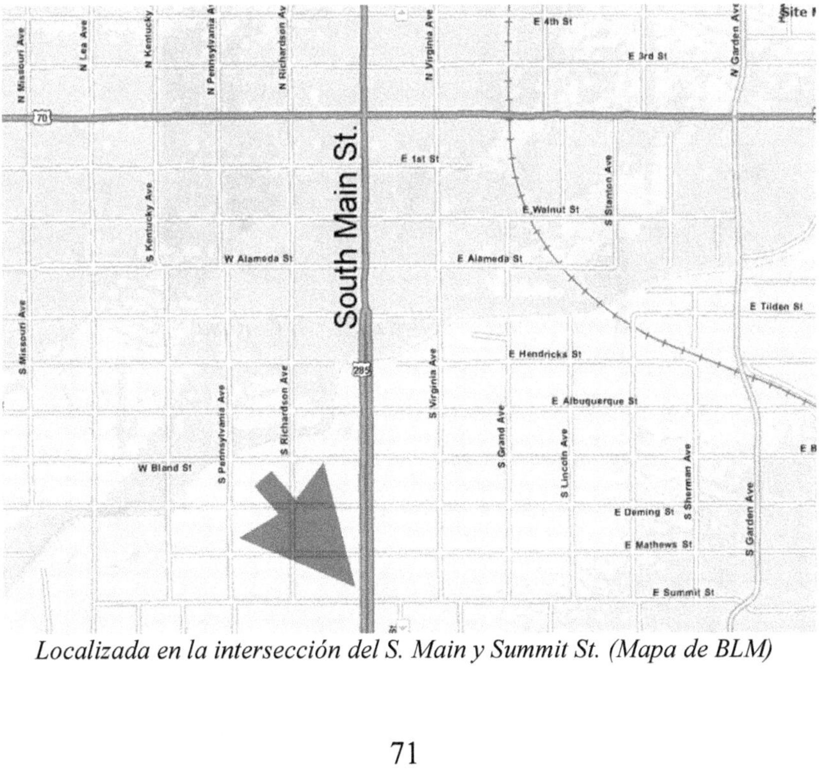

Localizada en la intersección del S. Main y Summit St. (Mapa de BLM)

Dennis observo una ambulancia militar con su puerta trasera abierta. Se dio cuenta de que contenía una estructura metálica con forma de la parte inferior de una canoa y escritura extraña o símbolos, como jeroglíficos. Como veremos en un futuro capítulo de este libro, nada podría haber preparado a Dennis para lo que estaba a punto de descubrir, a entrar en el edificio del hospital militar. La funeraria Ballard aún existe hoy en la misma ubicación, 910 South Main Street. Si gusta llegar allí a mirar el edificio, se piden a los visitantes que sean considerados de servicios funerarios.

Glenn Dennis (cortesía de Kevin D. Randle)

TRECE: RESIDENCIA WHITMORE

Condición: Todavía existe. *Localización:* 204 W. McGaffey Street *Accesibilidad:* Residencia privada. *Coordenadas Geograficas:* 33.379688,-104.525562.

El 7 de julio de 1947, después que el locutor de radio Frank Joyce habló por teléfono con ranchero Mack Brazel, quien afirmó haber encontrado los restos de un OVNI y cuerpos no humanos en su rancho, el propietario de la difusora de radio, Walt Whitmore, Sr., fue encantado por la historia. Whitmore sabia que el cuento de Brazel tenía el potencial para convertirse en una sensación de noticias de todo el mundo y comenzó a formular un plan para obtener una entrevista exclusiva con el ranchero.

Antigua residencia de Walt Whitmore, Sr. (foto E.J. Wilson)

Dependiendo de la versión de la historia, Whitmore fue al rancho de Foster o envió a alguin en su lugar, para recoger Brazel. De cualquier manera, Brazel fue persuadido para venir a Roswell, pasar la noche en casa de Whitmore y ser entrevistado para la radio.

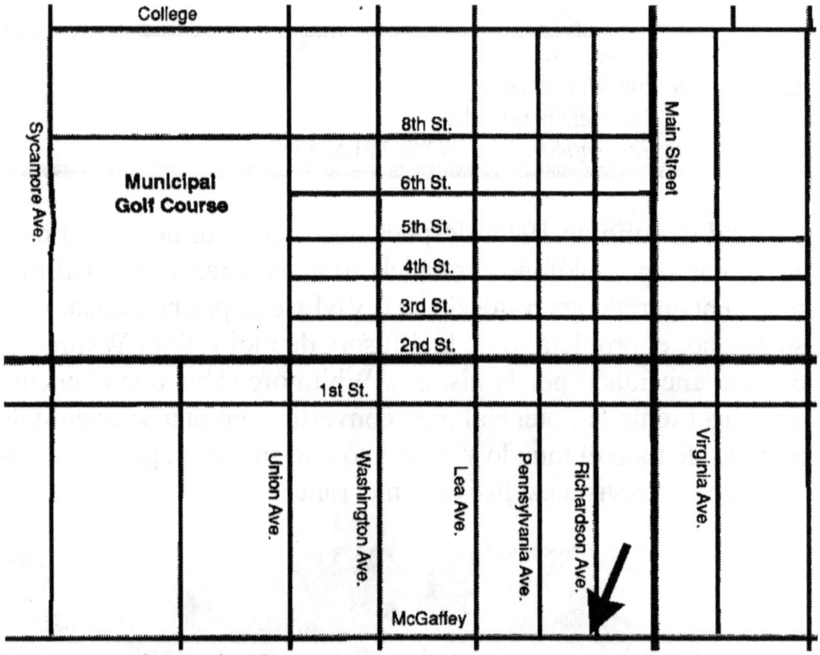

Antigua residencia de Whitmore, cerca de la intersección de Richardson Ave y McGaffey

Según testimonio de Roswell por Carey y Schmitt, el reportero de KGFL, George "Jud" Roberts, registró la entrevista con Brazel en la noche del 7 de julio en casa de Whitmore en Roswell. Según los testigos, fue una entrevista increíble que hubiera revelado todo el asunto de Roswell y KGFL planeaba poner la entrevista en el aire el dia siguiente. Debido a que la estación estaba fuera del aire en el momento de que la entrevista fue grabada, el personal de la estación de radio planeaba difundirla al día siguiente, el 8 de julio. Lamentablemente, a la mañana siguiente, los militares llegaron y se llevaron a Brazel al confinamiento temporal en el campo del ejército y también confiscaron las grabaciones realizadas por Roberts en la noche anterior.

Además, Roberts recibio una llamada telefónica de un funcionario de la Comisión Federal de Comunicaciones (FCC), afirmando que si KGFL transmitia algo acerca de la entrevista Brazel, la difusora perdería su licencia para emitir. Esta llamada fue seguida momentos despues por una llamada del senador Dennis Chavez, quien aconsejó a la difusora para cumplir con la solicitud de la FCC. De resultas de ello, se perdió para siempre la entrevista de Brazel que, posiblemente, hubiera cambiado nuestro conocimiento del universo para siempre.

Parece claro que, antes de que el ejército intervino en el asunto, Whitmore plenamente intentaba de ir en el aire con tal vez la más impactante emisión de radio realizada: el descubrimiento de un platillo volador y los cuerpos de sus ocupantes no humanos. Es cierto que algunas personas en el gobierno de Estados Unidos temían que esto provocaría un pánico a nivel nacional a lo largo del infame programa "Guerra de los Mundos" en 1938 por Orson Welles de radio difusión por CBS.

Otra vista de la antigua residencia de Whitmore (foto E.J. Wilson)

Mientras viendo la antigua casa de Whitmore en 204 W. McGaffey, es maravilla lo que el resultado podría haber sido si el mundo hubiera escuchado el testimonio de Mack Brazel grabado aquí dentro de esta casa. ¿Hubiera cambiado al mundo, o quizás los militares podrian desacreditarlo?

La casa donde vivió una vez Whitmore es una residencia privada, y los visitantes no deben traspasar o molestar a sus actuales ocupantes. Utilice precaución y sentido común al tomar fotografías de la zona circundante y del hogar.

CATORCE: HOSPITAL DE SANTA MARIA

Condición: Demolido. El sitio ahora es edificio de la administración del condado de Chaves. *Localización:* 1 St. Mary's Place *Accesibilidad:* Gobierno del condado. *Coordenadas Geograficas:* 33.375987,-104.521726.

En la noche del 4 de julio, entre las 11:00 y las 11:30 de la tarde, dos monjas Católicas Franciscanas observaban el cielo nocturno en el Hospital de Santa María en Roswell, segun una entrada de registro.

Hospital de Santa María en la década de 1960 (cortesía de HSSNM)

Madre superiora María Bernadette y Hermana Capistrano observaron un objeto con llamas cayendo hacia la tierra en un punto al norte de su posición. Especularon que fue un avión en apuros. Grabaron el incidente en su registro de todas las noches, pero no hicieron ninguna investigación adicional en el avistamiento extraño y fueron muchos años despues que la entrada en el registro fue descubierta.

Un resumen del avistamiento de las monjas apareció recientemente en el sitio de Web *tinwiki.org*: "informan dos monjas católicas, la madre superiora Mary Bernadette y una Hermana Capistrano, vieron un objeto ardiente brillante que parecia caer a tierra, bien al oeste y ligeramente al norte de Roswell, posiblemente en las montañas o más allá. El avistamiento fue en la noche, mientras mirando al cielo por una ventana del tercer piso de la ahora demolido Hospital Saint Mary durante el cambio de su turno. Las monjas grabaron su avistamiento en su cuaderno de diario. La entrada en el registro no menciòna explosión, tal vez debido a la distancia de donde estaban a donde el objeto bajó - aunque algunos informes dicen que las monjas vieron un gran destello de luz en el cielo en el mismo lugar en el horizonte donde vieron el objeto."

El centro administrativo del condado Chavez ahora existed en el sitio donde estaba el Hospital de Santa María (foto E.J. Wilson)

El Hospital de Santa María fue el primer centro médico de la ciudad, establecido en 1906 por monjas de la orden Católica de enfermería, Hermanas de la Madre Triste. Fue el lugar de nacimiento de un número de celebridades, incluyendo la actriz Demi Moore y el cantante John Denver.

El hospital fue adquirido por el condado de Chaves en 1989 y se convirtió en parte de el nuevo centro medio de Nuevo México, que ha operado en el condado desde 1955. El envejecimiento centro de Santa Maria finalmente fue demolido en 1999, y en el lote donde alguna vez estuvo, el condado construyó la cúpula verde de las oficinas de Administración del Condado Chaves, también llamado el edificio de Joseph R. Skeen.

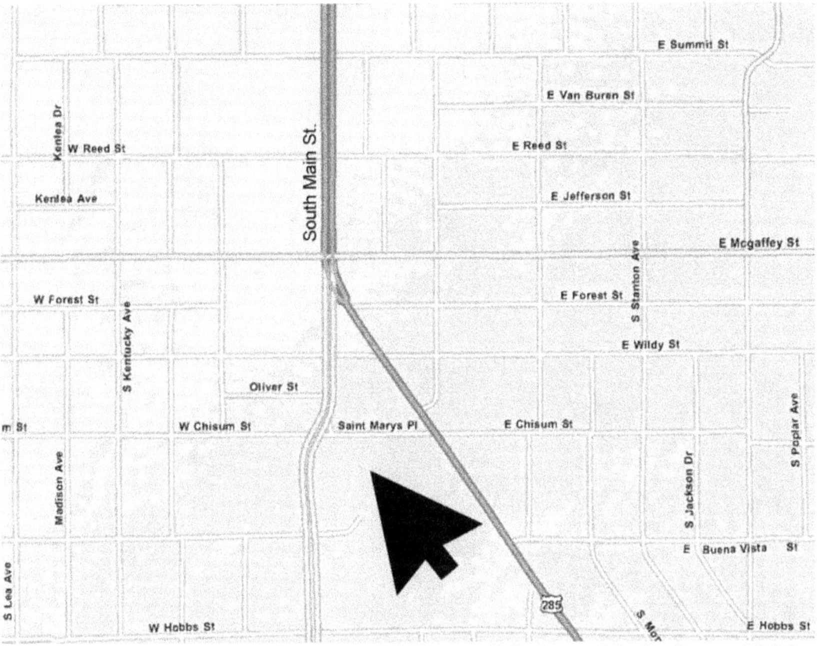

Flecha muestra antigua ubicación del Hospital de Santa María (mapa BLM)

El nuevo edificio se encuentra en 1 St. Mary's Place y es un sitio público que está abierto a los visitantes durante el horario laboral. Se pide que los visitantes usen sólo los espacios de estacionamiento designados para visitante y tenga cuidado de no interferir con cualquiera de las operaciones de condado en la instalación. También puede visitar fuera de las horas normales de trabajo. No podrá entrar en el edificio, pero puede caminar afuera, tomar fotografías y mirar hacia el noroeste, donde las monjas afirmaron haber visto el objeto ardiente caer a la tierra en julio de 1947. Su cuenta de ver un vehículo volando en el cielo por encima de la ciudad antes del estrellamiento de OVNI es un momento muy importante en la historia del incidente de Roswell.

QUINCE: CAPILLA DE LA BASE MILITAR

Condición Casa pública de adoración.
Localización: 206 East Charleston Road
Localización original: University Blvd. y Mathis St.
Accesibilidad: Iglesia abierta al público durante las horas en que se llevan a cabo los servicios.
Coordenadas Geograficas: 33.335952,-104.519354.

Una iglesia se considera normalmente como un lugar de refugio en tiempos de peligro, real y espiritual. En julio de 1947, la pequeña capilla en el campo del ejército de Roswell estuvo, sin duda, en el centro de una tormenta remolino de emociones intensas y de tensiones extremas.

La antigua capilla de RAAF (foto E.J. Wilson)

Charla estaba "en el aire" sobre un OVNI desplomado al norte de la ciudad. Testigos hablaban en tonos silenciados sobre seres pequeños que no eran humanos y trozos de escombros que nadie en la tierra podría haber hecho.

Aunque la antigua capilla de la RAAF todavía existe hoy en día, se ha trasladado desde su ubicación original en la base aérea y ahora se encuentra a unos dos millas al norte de donde estaba en 1947. En ese entonces, de acuerdo con el historiador de Roswell Elvis Fleming, la capilla blanca, de marco de madera, se encontraba con su solitaria torre subiendo hacia el cielo en lo que ahora es un terreno baldío en la esquina noroeste de la intersección de University Boulevard y la calle Mathis.

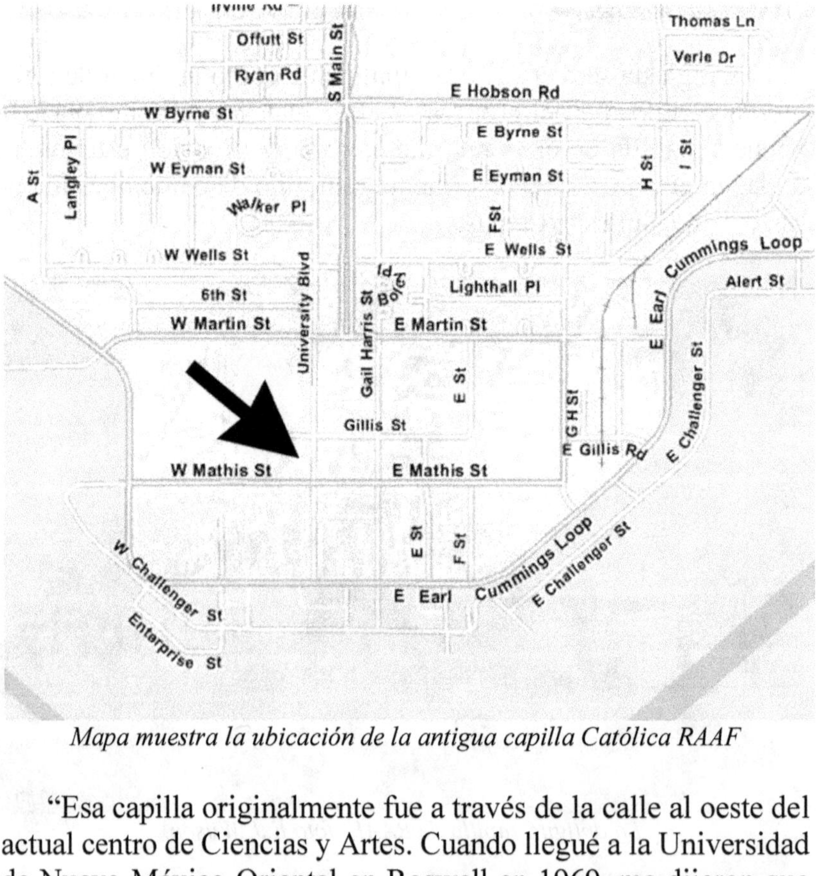

Mapa muestra la ubicación de la antigua capilla Católica RAAF

"Esa capilla originalmente fue a través de la calle al oeste del actual centro de Ciencias y Artes. Cuando llegué a la Universidad de Nuevo México Oriental en Roswell en 1969, me dijeron que había sido la capilla Católica. Ya no era iglesia cuando llegué a la escena," recuerda Fleming.

En su libro *Witness to Roswell*, Carey y Schmitt examinan informes que algunos soldados tuvieron bastante dificultades psicológicas y espirituales después de lo que vieron y experimentaron en julio de 1947. Algunos buscaron el alcohol; otros consideraban la suicida. De repente y dramáticamente, al darse cuenta que habían sido visitados por seres no humanos, algunos de los soldados seguramente buscaron la soledad tranquila de la capilla. Alli reflexionaron sobre el fin de su visión inocente del universo. Jesse Marcel, Jr., quien tenía 11 años en esa epoca, después dijo, "la experiencia definitivamente cambio mi vida.... De repente y profundamente, me di cuenta de que los seres humanos no están solos en el cosmos y que la energías creativas de Dios no comenzaron o terminaron con la creación de la vida en la tierra."

Otra vista de la antigua capilla (foto E.J. Wilson)

Al momento del estrellamiento del OVNI, según Carey y Schmitt, servicios en la capilla de la RAAF fueron realizados por un ministro Protestante, el reverendo Elijah H. Hankerson de la Convención Bautista Nacional. A continuación, abruptamente, el

10 de julio de 1947, en medio del incidente de Roswell: el ejército de repente, con muy poca antelación, transferio a Hankerson y instalo al capitán William B. Benson, un sacerdote Católico. Este cambio repentino ha llevado a la especulación de que el ejército estaba intensificando su "control de daños" a raíz de la persistente crisis de Roswell. Tal vez los líderes del ejército sentían mejor con un miembro del sacerdocio Católico, inmersa en su larga tradición de tratar de manera confidencial cualquier crisis espiritual.

De acuerdo con el investigador Anthony Bragalia, el desplazado reverendo Hankerson nunca mencionó a nadie, incluso los familiares, haber estado estacionado en Roswell. Miembros de la familia dicen que, más tarde en la vida, Hankerson, que murió en 1990, parecía obsesionado por algo de su pasado que había cambiado su perspectiva sobre la vida y el universo. A menudo, se escuchó de repetición, como si en un trance, varias frases, entre ellos, "el universo es increíble," y "soy sólo un hombre."

Muestra para la iglesia de Bautista de Mountain View (foto por E.J. Wilson)

En la década de 1970, la antigua capilla de la base se trasladó a su ubicación actual en 206 East Charleston Road, no lejos del sitio de la antigua base aérea. Recientemente aparece como el lugar de reunión para la Iglesia Bautista de Mountain View, miembro de la Reformada o Iglesias de Gracia Soberana de Nuevo México. El sitio web *http://mtviewbaptistchurch.com* proporciona información completa sobre la iglesia y su calendario de servicios

DIECISÉIS: ENTRADA PRINCIPAL A LA BASE

Condición: La entrada se restringe no más. Casa de guardia ya no existe.
Localización: Un poco norte de la intersección de S. Main St. y W. Byrne St.
Accesibilidad: Camino público.
Coordenadas Geograficas: 33.320842,-104.523561.

El campo de ejército de Roswell, como todas las bases militares, tenía una casa de guardia en la entrada principal, y todos que entraban o salian de la base eran investigados por la policía militar. La casa de guardia, que fue retirada después de que la base aérea se cerró en 1967, se encontraba justo al noroeste de la intersección de South Main Street y West Street Byrne. Hoy, no hay rastro de la casa de guardia, pero los visitantes pueden pasar por el lugar donde estaba la entrada a la base.

Fotos de los años 60 de la principal puerta de la Base Aérea de Roswell (cortesía de Clifford Bossie)

Hay dos historias interesantes asociados con la entrada principal del campo del ejército. En primer lugar, cuando el ejército trajo el OVNI estrellado en un remolque a través de la ciudad de

Roswell, el convoy, formado por el remolque de camión y su escolta de jeep, paso derecho aquí por la casa de guardia y continuó hacia el sur a lo largo de Esplanade Street.

Después de pasar aquí, el convoy continuó sur pasado en frente de la jefatura, donde giró hacia el este y se trasladó al Edificio 84. Una vez allí, los materiales de secreto fueron descargados en ese edificio, que fue la suspensión de aviones más seguro de la base. Según la historia, varios testigos despues vieron una aeronave de diseño desconocido dentro del Edificio 84, así como algunos cuerpos "no humanos." También hubo rumores de que una de las pequeñas criaturas recogidas en el lugar del accidente estaba todavía viva cuando fue llevado al Edificio 84

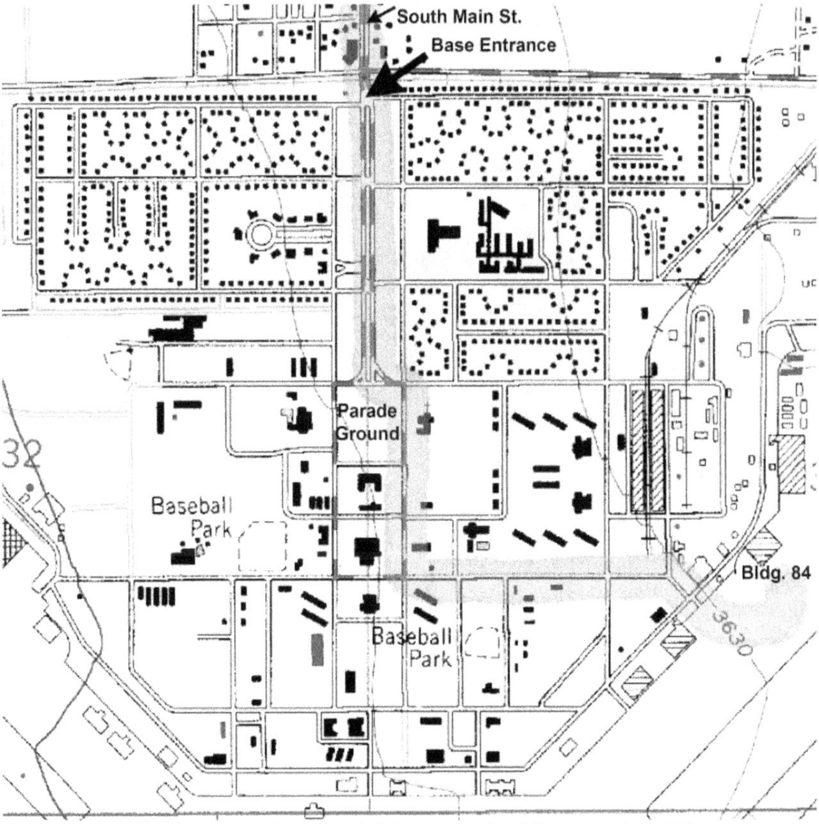

Mapa muestra la ruta del Convoy al edificio 84 (USGS)

De acuerdo a Carey y Schmitt y autor John LeMay, se rumorea que el ocupante del OVNI que todavía estaba vivo despues pudo "salir" del Edificio 84. Supuestamente, la criatura se escapo por medios desconocidos y despues fue vista fijándose por las ventanas de varias casas en un parque de trailer justo al noroeste de la entrada principal de la base. La aparición sin duda debe haber aterrorizado a los residentes locales.

Los guardias en la entrada de la base vieron al extranjero que salia de la zona de trailer park, y supuestamente, en pánico, dispararon contra él y lo mataron accidentalmente. Aunque esta historia sigue sin verificar, hasta el día de hoy, es una de las más interesantes leyendas del incidente de Roswell de 1947.

Entrada actual del centro de aire de Roswell (foto E.J. Wilson)

DIECISIETE: CASA DE HUÉSPEDES

Condición: Lote vacío. El edificio ha sido eliminado.
Localización: Intersección de S. Main St. y West Hobson Dr.
Accesibilidad: Propiedad privada.
Coordenadas Geograficas: 33.321056,-104.5238.

Inmediatamente adyacente a donde se encontraba la entrada principal y la casa de guardia, hay un pequeño edificio de madera que en 1947 era conocido como la "casa de huéspedes." En este edificio, el ranchero W.W. "Mack" Brazel fue detenido por los militares durante cinco días y durante este tiempo, el ejército aparentemente lo convenció a cambiar su historia sobre los escombros que encontró en su rancho.

La casa de huéspedes de RAAF, lado norte (foto E.J. Wilson en 2010)

Brazel fue llevado a la casa de huéspedes después de pasar la noche del 7 de julio de 1947 en la casa del propietario de KGFL, Walt Whitmore, Sr., durante cual Brazel fue entrevistado en la cinta sobre los misteriosos escombros que encontró en el rancho Foster. Durante la entrevista, que nunca fue emitida, Brazel también mencionó haber visto cuerpos de seres "pequeños" a como dos millas del campo principal de los desechos. El día después de esta entrevista, Whitmore llevo Brazel a la difusora KGFL y llamo al campo del ejército de Roswell. Los militares pronto llegaron a la difusora, tomaron custodia de Brazel y confiscaron la grabación de la entrevista de Brazel.

La casa de huéspedes de RAAF, lado sur (foto E.J. Wilson en 2010)

Brazel fue tomada desde las oficinas KGFL a la casa de huéspedes de la RAAF, donde supuestamente estuvo bajo guardia armada durante cinco días. Situado al noroeste de la intersección de la calle South Main y la calle Byrne, la casa de huéspedes todavía existe. Después de pasar cinco días aquí en este edificio, Brazel cambió drásticamente su historia sobre lo que vio en el rancho Foster.

Durante su estancia en la casa de huéspedes, Brazel fue tomada bajo escolta militar a las oficinas del *Roswell Daily Record*, donde proveo una historia "revisada" sobre su descubrimiento de los restos de OVNI en su rancho. Con su escolta militar cerca a mano, Brazel ahora dijo que lo descubrió en el rancho fueron materiales convencionales, hechos por los hombres, como el caucho, estaño, papel y palos de madera. También, Brazel ahora dijo que había descubierto los restos much antes – en el 14 de junio - en lugar del 4 de julio, como había dicho anteriormente. Aunque la historia era totalmente diferente, Brazel declaró que los escombros fueron totalmente diferentes de lo que había encontrado en su rancho previamente cuando dos globos meteorológicos se estrellaron.

Brazel fue llevado por sus controladores militares a KGFL, donde se le permitió entrar al edificio y hablar con Frank Joyce, mientras los soldados esperaban fuera de la difusora de radio. Cuando empezó a decirle a Joyce la historia "revisada", Joyce lo interrumpio y le preguntó por qué había cambiado su historia. Agitado, Brazel respondió, "habran gran dificultades para mi.""

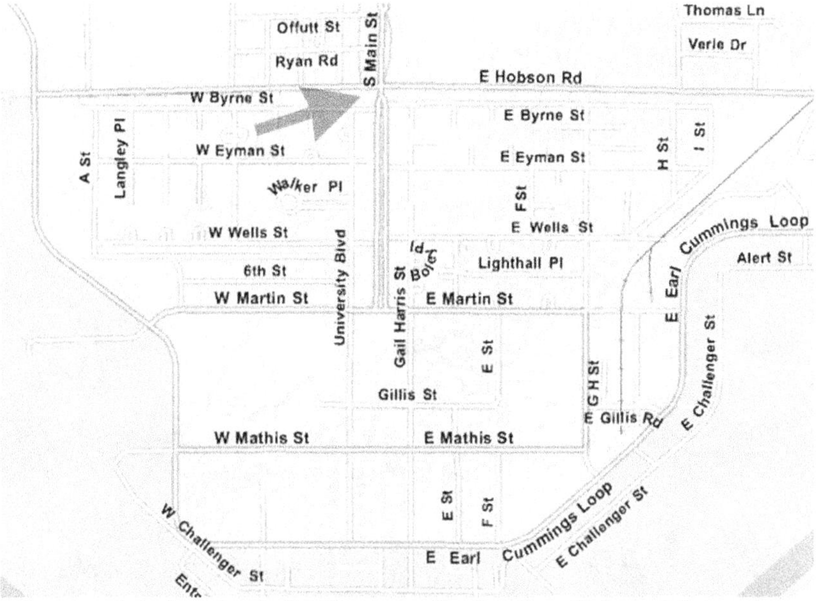

La casa de huéspedes de RAAF esta en S. Main St. y Hobson Rd. (esquina suroeste)

Después de la entrevista KGFL, Brazel fue acompañado por los militares a la casa de huéspedes, donde permanecería por casi una semana. Durante este tiempo, fue interrogado por largas horas y fue sometido a un examen físico inoportuno y invasoro. Los militares también utilizaron ciertas técnicas de "lavado de cerebro" para asegurar que nunca mas hablarla de su experiencia. Fue también durante el tiempo que estuvo Brazel en la casa de huéspedes que una fuerza de tarea de al menos 60 soldados descendió sobre el rancho Foster y limpio cada trozo de evidencia de que algo se estrelló allí.

Cuando finalmente fue liberado Brazel, se negó a hablar sobre el tema, salvo en decir que había encontrado un globo meteorológico. En privado, se quejó de ser maltratado por los militares durante su tiempo en la casa de huéspedes. Dijo que no siquiera lo permitieron llamar a su esposa. También le dijo a sus hijos que tuvo que hacer un juramento no hablar sobre el incidente.

Dentro de un año después de estos acontecimientos, Brazel se trasladó a Tularosa, Nuevo México, donde abrió un negocio de alquiler de taquillas de carne refrigerada. Desde entonces hasta que falleció en 1963, nunca otra vez habló públicamente sobre lo que ocurrió en julio de 1947.

La casa de huéspedes de RAAF, East Side (foto E.J. Wilson en 2010)

Lamentablemente, el edificio ya no existe en esta ubicación. Se eliminó en los últimos años a otra ubicación que no se conoce. Pero aún puedes visitar el lote vacío donde alguna vez estuvo el edificio.

DIECIOCHO: RESIDENCIA BLANCHARD

Condición: Todavía existe.
Localización: 1 Walker Place
Accesibilidad: Residencia privada.
Coordenadas Geograficas: 33.318005,-104.526411.

Si el incidente de Roswell se desarrollo como fue descrito por muchos testigos, el comandante de la base, William H. Blanchard, estaba en mero centro de toda la operación. Según Walter Haut, Blanchard fue completamente involucrado en la recuperación del OVNI estrellado y los seres extraterrestres.

William H. Blanchard (USAF foto archivos)

Blanchard también después llevó a Haut en un paseo del Edificio 84, donde permitió el teniente ver el platillo metálico, en forma de huevo y dos cuerpos que tenian como cuatro pies de altura.

La residencia de Blanchard en el campo del ejército esta en el fondo de la calle circular conocida como Walker Place. Cuando visitamos esta ubicación clave en la historia de Roswell, podemos imaginar el miedo y el asombro que agarraro a Coronel Blanchard en julio de 1947, mientras luchaba con las órdenes que le dio el comando superior. ¿Qué pensamientos y sentimientos deben han crecido a través de su mente por la noche mientras dormía aqui, mientras que menos de una milla de distancia, un vehículo extraterrestre y los cuerpos de sus ocupantes estaban en Edificio 84? Lamentablemente, los secretos que sabía Blanchard murieron con él el 31 de mayo de 1966.

La ex residencia de Blanchard (foto E.J. Wilson)

Blanchard, nativo de Boston, Massachusetts, comenzó su carrera militar como un graduado de la Academia militar de West Point en 1938. Después de completar el entrenamiento de pilotos en los campos aéreos de Randolph y Kelly, Texas, en 1939, el nativo de Boston sirvió como instructor de vuelo y como jefe de capacitación avanzada de pilotos en el comando de entrenamiento de vuelo, antes de formar parte de la primera ala de bombarderos B-29 en Salina, Kansas, en 1943.

En 1944, Blanchard, entonces comandante del ala bomba 58ª, voló el primer B-29 en China y participó en las operaciones de bombas estratégicas contra Japon. Voló bajo fuego durante incursiones contra importantes objetivos japonés mientras servía como comandante del grupo de bomba 40 (B-29) y luego como oficial de operaciones del comando bombardero 21 en las Islas Marianas.

Foto del anuario militar de 1946 (cortesía de HSSNM)

En el clímax de la segunda guerra mundial, Blanchard señaló la asignación de la preparación y supervisión de la operación para entregar la primera bomba atómica sobre Hiroshima, Japón. La experiencia adquirida en las operaciones de bombas atómicas llevó Blanchard en ser nombrado comandante de la 509ª ala de bombardeo, durante el cual se desempeñó en el campo del ejército de Roswell. Fue durante este tiempo de su vida que quedó cara a cara con el incidente de Roswell. Dada su formación y experiencia en la guerra atómica, fue sin duda calificada para administrar el escenario peligroso y volátil de un accidente de OVNI cerca de Roswell, la recuperación de los restos del OVNI y cuerpos - la operación militar más importante y altamente clasificada de su tiempo. Blanchard se encargo completamente de todo el asunto.

Otra vista de la ex residencia de Blanchard (foto E.J. Wilson)

De hecho, algunos investigadores sugieren que por hacer su trabajo tan bien en 1947, Blanchard después subió hasta los niveles superiores de las fuerzas armadas. En 1948, fue asignado a la sede de la fuerza aérea de octavo del comando aéreo estratégico como director de operaciones, donde ayudó a dirigir la formación atómica de tripulaciones de B-36s, primeros bombarderos intercontinentales de Estados Unidos. Después de comandar B-50 y unidades de bombarderos B-36 de la SAC, fue asignado como director adjunto de operaciones del comando aéreo estratégico en 1953. Así, el hombre que algunos escépticos han dicho que no habría podido llevar a cabo un encubrimiento tan eficaz, fue uno de los principales del fuerzo aereo nuclear de los Estados Unidos durante la guerra fría. Blanchard literalmente tuvo su dedo sobre el botón nuclear.

De hecho, Blanchard asumió el comando de la séptima división de aire del SAC en Inglaterra en 1957 y luego en 1960 se convirtió en director de operaciones de SAC. Obviamente, tuvo la experiencia, el fondo, y inteligencia para lograr un encubrimiento militar al nivel que se ha sugerido en Roswell en 1947.

Después de 15 años de servicio ininterrumpido en SAC, fue nombrado inspector general de la fuerza aérea de Estados Unidos y fue promovido al rango de general teniente. En 1963, fue nombrado jefe adjunto en la sede de la fuerza aérea de Estados Unidos, y en 1965, General Blanchard se convirtió en Vicepresidente de la fuerza aérea de Estados Unidos, con la promoción al rango de cuatro estrellas. Esta vez, Blanchard fue uno de los hombres más importantes en el ejército de Estados Unidos.

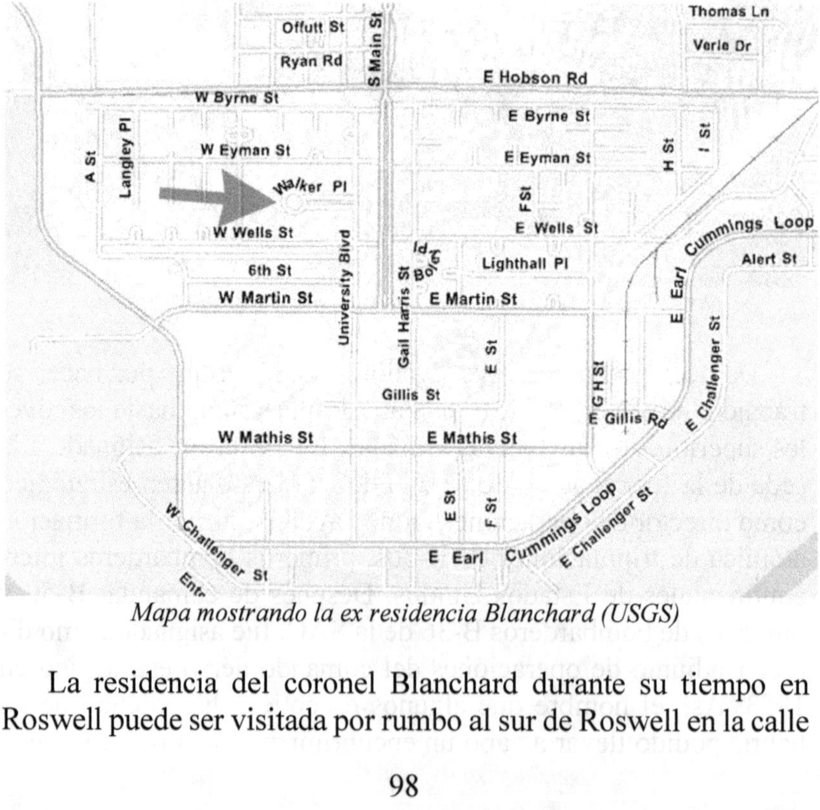

Mapa mostrando la ex residencia Blanchard (USGS)

La residencia del coronel Blanchard durante su tiempo en Roswell puede ser visitada por rumbo al sur de Roswell en la calle principal hasta la intersección de la calle Eyman. Activar occidental en Eyman, inmediatamente al sur, en University Boulevard y, a continuación, oeste de nuevo en Walker Place. Unidad del punto más alto del círculo para ver la ex casa de Blanchard. Segun el autor Lynn Michelsohn, han circulado rumores en los años de una vasta red de túneles subterráneos aquí en la antigua base aérea de Roswell, con al menos un túnel supuestamente conectando la casa del coronel Blanchard a la torre de control de la RAAF.

Mientras visita, por favor, tenga en cuenta que se trata de una residencia privada. Favor de respetar los derechos de propiedad y la privacidad de los residentes actuales. En otras palabras, no traspase y no moleste a los propietarios.

Otra vista de la ex residencia de Blanchard (foto E.J. Wilson)

DIECINUEVE: HOSPITAL DE LA BASE MILITAR

Condición: Demolido. Ahora un lote vacío.
Localización: Intersección de E. Wells Street y Ruohonen Place
Accesibilidad: Porción vacante público-accesible.
Coordenadas Geograficas: 33.317157,-104.52035.

Ahora hay terreno baldío donde se encontraba el Hospital del campo de ejército de Roswell en 1947. El hospital era edificio de un piso, situado justo al sureste del actual Centro de Rehabilitacion de Nuevo México, cual fue construido en 1960. Fue en este sitio que Glenn Dennis vio los restos de un OVNI y también encontro a una enfermera que vio los cuerpos de sus ocupantes.

Lote vacio donde estaba el Hospital de la RAAF (foto E.J. Wilson)

En su declaración jurada de 1991, Dennis declaró, "recibí una llamada para el transporte de un soldado que tenía un desgarro en su cabeza y tal vez una fractura de nariz. Yo le di los primeros auxilios y lo condujo a la base. Llegué allí alrededor de 5:00 p.m. Aunque yo era un civil, por lo general tenía acceso libre en la base porque todos me conocian. Estacione la ambulancia alrededor a la parte posterior del hospital junta a otra ambulancia. La puerta de la otra ambulancia estaba abierta y dentro vi algunos restos. Habian varias piezas que parecían la parte inferior de una canoa, unos tres pies de longitud. Parecía de acero inoxidable con un tono púrpura, como si se había sido expuesto a altas temperaturas. Habia algunos simbolos extraños escritos en el material que se asemeja a los jeroglíficos egipcios. También estaban dos policías militares presentes."

Glenn Dennis (cortesía de Kevin D. Randle)

Dennis ayudo al soldado herido para entrar al hospital, y dejandolo alli, se fue al salón de los medicos para obtener un refresco y buscar una joven enfermera que conocía. Mientras se dirigió hacia el salón, Dennis vio a la enfermera, de 23 años de edad, segundo teniente en el ejército, saliendo de una de las salas de examen médico, manteniendo un paño sobre su boca. Cuando lo vio, la enfermera dijo, "¡Vete de aquí o te vas a meter en un montón de problemas!" La enfermera rápidamente se desaparecio, entrando en otra sala.

Cuando habló con ella al día siguiente, la enfermera dijo que había entrado una de las salas de examen en el hospital para obtener algunos suministros médicos, cuando de repente se encontro en medio de una autopsia muy extraña por dos médicos militares. Estaban llevando a cabo una autopsia preliminar sobre tres seres que claramente no eran humanos. "Dijo que nunca había olído nada tan horrible en su vida, y lo que vio fue lo más espantoso que había visto," dijo Dennis.

Lote vacio donde estaba el Hospital de la RAAF (foto E.J. Wilson)

Debil por el efecto de los olores, la enfermera trato de salir del cuarto rápidamente, pero los médicos ordenaron que tomara notas durante el procedimiento. Centrando su atención una vez más enlas criaturas extrañas en las mesas antes que ella, quedo convencida de que no tenían ninguna forma de vida de nuestro planeta. "Esto fue algo que nadie jamás habia visto", dijo Dennis.

De los tres cuerpos en mesas en la sala, tres fueron "muy retorcidos y desmembrados," como si los animales depredadores les habían dañado cuando estaban en el desierto antes de ser recuperados por los militares. Pero, uno de los cuerpos estaba "bastante intacto." Cuando la enfermera hablaba con Dennis, tomó una hoja de papel y comenzó a dibujar un diagrama de los seres del OVNI. Describió los seres como unos 3.5 pies de altura, con cabeza desproporcionadamente grande, ojos hundidos, nariz cóncava con dos agujeros pequenos, una rendija estrecha para la boca y orejas consistiendo en un pequeño agujero con un colgajo de piel. Las criaturas no tenían pelo, y su piel era negra, posiblemente debido a ser expuesto al sol después del accidente. En lugar de dientes, tenian cartílago duro y sus cráneos eran "flexibles" en lugar de rígidos. La enfermera observo especialmente las manos de las criaturas, las cuales tenían sólo cuatro dedos. Cada dedo tenía una almohadilla de piel parecida a una ventosa (taza de succión).

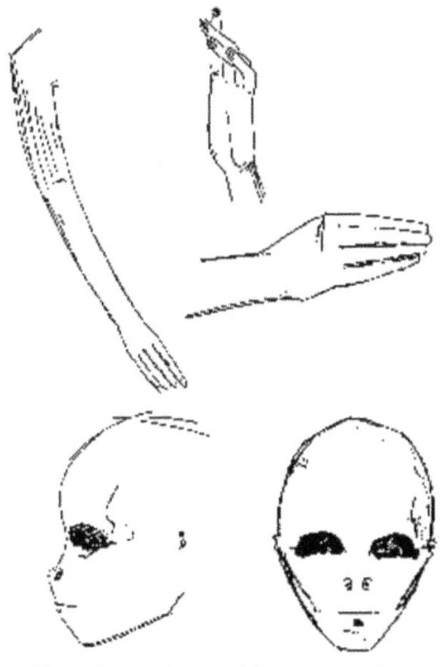

Dibujo de Walter Henn basado en el bosquejo visto por Glenn Dennis

Al continuar el examen, la enfermera escuchó a uno de los médicos dicir, “esto es algo que nunca hemos visto antes. No hay nada en los libros de medicina de esto.” Superados por las náuseas y la repulsión, tanto ella como los médicos se enfermaron durante el procedimiento y vomitaron. Los médicos pidieron que se deactivada el sistema de aire acondicionado del hospital para que los olores no se impregnaran en todo el edificio.

Al final, se hizo la decisión de mover los cuerpos a una percha de avión, presumiblemente el Edificio 84, antes de examinarlos más. Otros testigos declararon que vieron los cuerpos extraños dentro de edificio 84

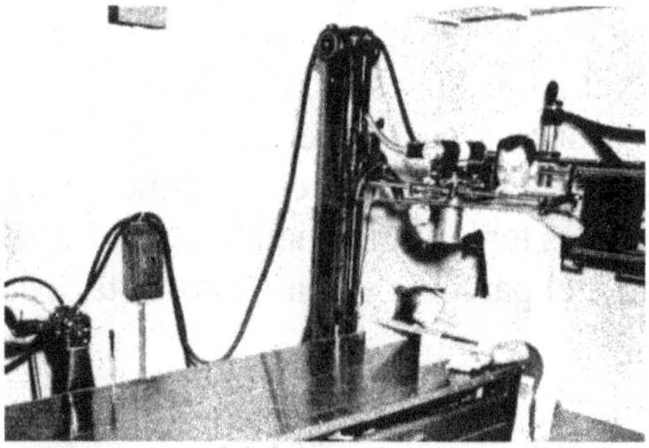

Fotos de los años cuarenta del cuarto de examen (cortesía de HSSNM)

Dennis no sabía nada de estos hechos durante su breve visita al hospital. Después de su breve conversación con la enfermera durante el cual ella sugirió que abandonara inmediatamente, fue abordado por un capitán del ejército. El capitán pidió que Dennis se identificara y diga su propósito de estar en el hospital.

Dennis explicó sobre en el aviador lesionado, y luego intentó entablar conversación acerca de lo que estaba sucediendo alrededor del hospital. Dennis le dijo al capitan, “parece que tienes un accidente; ¿le gustaría me prepare?” El capitán ordeno que Dennis se quedara alli y, a continuación, volvió. Momentos despues, dos policías militares aparecieron y dijieron a Dennis que debía irse y que ellos habían sido instruidos para escoltarlo todo el camino de vuelta a la funeraria Ballard.

En ese momento, comenzaron a quitarlo por la fuerza hacia la puerta de atrás. En el camino de salida, se acercó otro capitán, que despues describió como "una pelirroja con los ojos más amenazadores que jamás he visto." También se acerco un sargento Africanoamericano con un cuaderno de notas en una mano. El capitán dijo a los otros soldados, "no hemos acabado con ese hijo de puta. Devuelvenlo." El capitán se acercó a Dennis y dijo, "no vio nada. No hubo ningún accidente aquí. Y, si dice algo, encontrara muchos problemas." Dennis respondió, "Hey, soy un civil y no pueden hacerme una cosa maldita."

"Sí podemos," el capitán respondió, "Alguien encontrara sus huesos en la arena del desierto." En ese momento, agregó el sargento con el cuaderno, "Seria buena comida para los perros", y el capitán dijo, "Quiten de aquí a este hijo de una puta."

Lote vacio donde estaba el Hospital de la RAAF (foto E.J. Wilson)

Los soldados seguiron a Dennis hasta la funeraria, y oyó no más acerca de los acontecimientos extraños en la base aérea hasta el día siguiente. Más curioso que nunca, Dennis intentó llamar a la enfermera con quien previamente había hablado en el hospital, pero no pudo contactarse con ella.

A las 11 de la mañana, Dennis aún estaba en el trabajo en la funeraria Ballard cuando la enfermera le llamó y dijo simplemente, "necesito hablar contigo." Acordaron reunirse en el club de oficiales de la base miliar, como se explicará en el capítulo siguiente.

El edificio del hospital RAAF lamentablemente ha sido demolido. El lote vacío donde se encontraba el edificio está cerca de la intersección de East Wells St. y Ruohonen Place. La ubicación esta inmediatamente al sureste de la antigua ubicación del Centro de Rehabilitación del Estado de Nuevo México (ahora demolido). Hay algo misterioso a pie en este terreno y parece volver a la supuesta recuperación de organismos extranjeros y los exámenes médicos que al parecer se llevaron a cabo en este lugar.

Curiosamente, el sitio del Centro de Rehabilitación ha grabado algunos avistamientos fantasmales en los últimos años, segun el autor Lynn Michelsohn, "los miembros del centro de rehabilitación, turno de noche cuentan historias de avistamientos inusuales en los corredores aquí. Una presencia muy interesante, sólo vislumbrada ocasionalmente al final de un corredor, es un ser de como cuatro pies de altura, muy delgado y con una cabeza grande y ojos oscuros, inclinados. ¿Sera un fantasma extraterrestre que aparecen aquí? Varios testigos afirmaron que al menos un extraterrestre fue recuperado en vivo desde los restos del platillo volador en 1947, sólo para morir despues en el hospital de la base."

VEINTE: CLUB DE LOS OFICIALES

Condición: Ahora el edificio de la unión estudiantil de la universidad de Nuevo México Oriental.
Localización: 48 University Boulevard
Accesibilidad: Edificio abierto al público - propiedad de la universidad.
Coordenadas Geograficas: 33.314607,-104.524798.

El ex club de los oficiales en el campo del ejército es ahora la unión estudiantil de la universidad de Nuevo México Oriental. El edificio contiene una cafetería de la Universidad, que está abierta al público. Los visitantes pueden gozar de un bocado o de una comida mientras que consideran los acontecimientos extraños que sucedieron aquí en julio de 1947.

La unión estudiantil, anteriormente club de los oficiales (foto E.J. Wilson)

Fue en este edificio que Glenn Dennis se reunió con la enfermera que vio en el hospital la noche anterior. Fue aquí que la enfermera dijo a Dennis que observo una autopsia que fue realizada en tres cuerpos no humanos.

La enfermera le llamo a Dennis en la funeraria Ballard temprano en el día y estableco una cita para reunirse con él en el club de los oficiales. Después de que ambos llegaron al club, Dennis notó que la enfermera estaba pálida, y le preocupo que ella parecia a punto de entrar en choque. "Estaba muy molesta", Dennis recordo despues. "Dijo, 'Antes de hablar con ti, tienes que darme un juramento sagrado que nunca mencionaras mi nombre, porque podría causarme muchos problemas'. Estuve de acuerdo."

Fotos del club de los oficiales en los años cuarenta (cortesía de HSSNM)

Sentados juntos en una mesa del club, la enfermera procedió a contarle a Dennis sobre los eventos increíbles de la noche anterior. Mientras contó su historia de ver a los tres extraterrestres sometidos a una autopsia preliminar, tomó una hoja de papel y comenzó a dibujar bocetos de las criaturas.

Cuando terminó de contar su historia a Dennis, ella le dio los dibujos que hizo. Dennis los agarro y luego condujo a la enfermera a los cuarteles de los oficiales. Aunque no lo supo en ese momento, Dennis nunca más vería la joven enfermera.

Cuando Dennis intentó llamarle en el hospital al día siguiente, le dijeron que ella no estaba disponible. Continuó intentando alcanzarla durante varios días más, hasta que otra enfermera le dijo que ella y otros del personal médico de la base habían sido "transferidos."

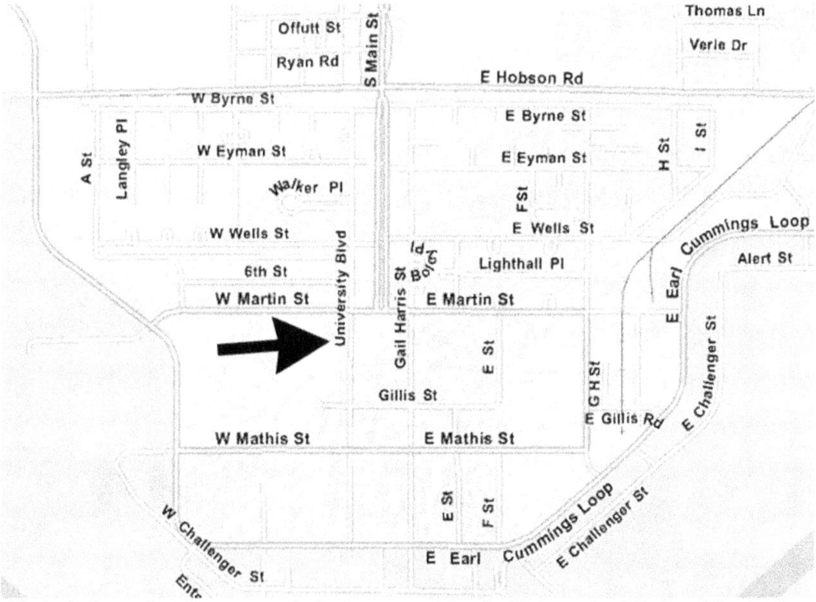

Club de los oficiales cerca de la intersección de University Blvd. y Martin St. (Mapa del U.S. BLM)

Un par de semanas más tarde, Dennis recibió una carta de la enfermera. Tenía un número de APO (servicio postal militar) en la dirección de devolución. En la carta, ella dijo a Dennis que quería discutir por correo más sobre lo que había visto en Roswell. Alentó, Dennis le respondió inmediatamente; Sin embargo, su carta fue devuelta dos semanas despues, y fue sellada, "devolver al remitente: destinatario fallecido." Después, Dennis supo de un rumor que la enfermera había fallecido en un accidente de avión, junto con cinco otras enfermeras, durante un ejercicio de entrenamiento.

Como muchos de los otros testigos de Roswell, Dennis sintió la presión de las autoridades para nunca revelar lo que vio en el hospital de Roswell. El Sheriff George Wilcox, quien era amigo personal de los padres de Dennis, se presentó en su casa después de los acontecimientos en la base y dijo al padre de Dennis, "no sé qué tipo de problemas tiene Glenn, pero digale a su hijo que no sabe nada y que no ha visto nada en la base." Wilcox también dijo que el ejército había solicitado los nombres y direcciones de todos los miembros de la familia de Dennis.

Foto reciente del ex club de oficiales (foto E.J. Wilson)

Inmediatamente después de la visita de sheriff, el padre de Dennis pasó directamente a la funeraria Ballard y pidió que Glenn le explicara exactamente que había visto en la base. Glenn le dijo todo lo que se llevó a cabo, incluyendo la historia de la enfermera. Según Dennis, su padre era la única persona a quien contó la historia hasta alrededor de 1990 cuando fue contactado por los investigadores que trabajan en varios libros sobre el incidente de Roswell.

También en la década de 1990, Dennis intentó encontrar los dibujos que la enfermera hizo de los extraterrestres. Dennis los había almacenado en la funeraria Ballard en sus archivos personales. Lamentablemente, sobre los años, los dibujos, junto con muchos de sus otros papeles de la década de 1940, fueron arrojados a la basura. Si desea visitar el edificio en el ex club de los oficiales, afortunadamente es uno de los lugares más accesibles de los edificios que están conectados con el incidente de Roswell. Como una cafetería diseñada para estudiantes que asisten a la Universidad de Nuevo México Oriental, el edificio es ahora un lugar agradable para una pausa de una comida o bebida.

Otra vista de la unión estudiantil (foto E.J. Wilson)

VEINTIUNO: TORRE DEL AGUA

Condición: Todavía existe y aún en uso. *Localización:* 122 E. Earl Cummings Loop *Accesibilidad:* Propiedad del gobierno municipal. *Coordenadas Geograficas:* 33.312065,-104.515195.

Una de las historias más extrañas del incidente de Roswell ocurrió en este lugar – en la calle Earl Cummings, en frente de la torre de agua del campo de ejército. Según la historia, el teniente gobernador de Nuevo México en 1947, Joseph Montoya, llamó a su amigo, Ruben Anaya y pidió que Anaya fuera en su coche a recogerlo en frente de la torre de agua cerca del Edificio 84. "Consigue tu coche, Ruben y me recoges. Llevame el infierno de aquí, "Montoya dijo, según el testimonio de Anaya.

Joseph Montoya (izquierda) y la torre de agua con Edificio84 en fondo (derecha)

Anaya, junto con su hermano Pete y un amigo Moses Burrola, condujo fueron en coche a la torre de agua, donde encontraron

Montoya, quien los esperaba por la carretera en un estado muy agitado y asustado. Al entrar al coche, las primeras palabras de Montoya fueron, "¡Llevenme el infierno de aquí! ¡Quiero irme!." Estaba muy pálido, agitado y parecía muy asustado.

Mientras dentro de la base, Montoya no dijo nada y sigue luchando para controlar sus emociones, pero una vez que llegaron a su destino, según Ruben Anaya, el teniente gobernador comenzó hablando. "No me van a creer lo que he visto. Si se lo dicen al aguien mas, yo les llamare malditos mentirosos. Nadie que son estas cosas. Dicen que se mueve como un platillo. Es un aeroplano sin alas. No es un helicóptero. No sé de donde vino. Podría ser de la luna. No sabemos lo que es."

Foto de la década de 1940 mirando hacia el este, mostrando la torre de agua (cortesía de HSSNM)

Montoya pasó a relacionar la escena extraordinaria que había presenciado en Edificio 84. Afirmó haber visto cuatro "hombres pequenos", uno de los cuales estaba obviamente todavía vivo, porque estaba "gimiendo." Los seres eran "cortos… flacos y con grandes ojos. [La] boca era realmente pequeña, como un corte a través de una pieza de madera." Las criaturas habían sido puestas en tablas de comedor en parte la percha, y un equipo de médicos estaba alrededor de cada mesa, tratando de examinar los seres.

Torre de agua con edificio 84 en segundo plano (foto E.J. Wilson)

Pete y Ruben Anaya recordaron que Montoya dijo que los seres eran muy flacos y no parecían seres humanos. No tenian pelo, tenían la piel blanca, ojos inusualmente grandes y llevaban trajes de una pieza y muy apretados. Tenían cuatro dedos largos y delgados en cada mano. Los hermanos Anaya sigueron preguntandole sobre las misteriosas criaturas, hasta que Montoya al fin dijo, "¡Te digo que no son de este mundo!"

Montoya después llegó a ser un poderoso y influyente miembro del Senado de los Estados Unidos por muchos años (1964-1977). Montoya nunca comento públicamente sobre lo que vio en Roswell. Por lo tanto, la historia del "torre de agua" es testimonio de segunda mano de Pete y Ruben Anaya, quienes esperaron hasta la década de 1990, después de la muerte de su amigo Montoya, antes de finalmente contar la historia. Sin embargo, sus amigos y familiares han reconocido que los Anayas y Montoyas fueron conocidos cercanos, y no parece probable que los Anayas traicionarían su amistad a Montoya después de su muerte por inventar una historia falsa sobre él.

Torre de agua permanece afuera del Edificio 84 (foto E.J. Wilson)

VEINTIDÓS: EDIFICIO 84

Condición: Todavía existe, pero ahora poseído privado.
Localización: 605 East Challenger Street
Accesibilidad: Propiedad privada. No entre áreas cercadas.
Coordenadas Geograficas: 33.311967,-104.513329.

Si hay un centro profundo y oscuro del universo de Roswell, tiene que ser el extraño y misterioso Edificio 84, situado en la calle East Challenger. También conocido como Percha P-3, este edificio, según varios testigos, se convirtió en una sala de autopsia en julio de 1947, donde los médicos militares presuntamente examinaron tres seres no humanos y uno todavía vivo, cuales fueron recuperados de un OVNI estrellado al norte de Roswell.

Foto de la década de 1940 del Edificio 84 (cortesía de la sociedad histórica del sureste de Nuevo México)

En una declaración jurada presentada en 1991, Glenn Dennis dijo la historia de la enfermera que inadvertidamente entro en una sala de examen en el hospital base mientras dos médicos militares estaban realizando una autopsia preliminar de tres cuerpos no humanos. La enfermera se horrorizó por los olores cuando los médicos la ordenaron que tomara notas, Por causa del olor, los médicos decidieron desplazar el área de autopsia a "una de las perchas de aviones," presumiblemente Edificio 84, basado en el testimonio de otros testigos, incluyendo los Anayas y el oficial de información pública en la base en 1947, Walter Haut.

La imponente estructura del Edificio 84 (foto E.J. Wilson)

En una declaración jurada de 2002, Haut recordado la visión espeluznante que vio dentro de este edificio en la tarde del 8 de julio de 1947. Cuando coronel Blanchard le caminó hacia el Edificio 84, Haut observó que la percha estaba bajo "fuerte guardia" tanto dentro como fuera. Blanchard inició Haut en el edificio y le permitió a fijar la mirada en una escena que se grabaria en su mente para el resto de su vida. "Una vez dentro, me permito ovservar, desde una distancia segura, el objeto recuperado justo al norte de la ciudad. Era aproximadamente de 12 a 15 pies de largo, no era muy amplia, unos 6 pies de altura y parecia forma de huevo.

Iluminación era pobre, pero su superficie aparecia metálica. No tenia ventanas, ojos de buey, alas, sección de cola o aterrizaje.

Dentro del Edificio 84 (foto E.J. Wilson)

Haut había notado también dos cuerpos abajo de una lona de lienzo. "Sólo las cabezas no estaban cubiertas, y no pude ver sus características. Las cabezas parecian más grandes que lo normal y el contorno del lienzo sugirió el tamaño de un niño de 10 años. En una fecha posterior en la oficina de Blanchard, el coronel ampliaro su brazo alrededor de cuatro pies sobre el suelo para indicar la altura."

Haut recordó que Blanchard le conto la historia de cómo los cuerpos llegaron a estar en el Edificio 84 y también le dijo que los restos del OVNI no era radiactivo. Terminó la declaración diciendo, "Estoy convencido que lo que observe personalmente era algún tipo de nave y seres del espacio exterior."

En un día cálido en agosto de 2009, visitamos el Edificio 84, actualmente bajo arrendamiento a Stewart Industries International, LLC, de Guthrie, Oklahoma y fuimos recibidos cordialmente por Cynon j. Martínez. Stewart Industrias actualmente utiliza el antiguo edificio para desmantelar aviones que están siendo dados de baja por partes. Cynon nos mostró alrededor de las instalaciones, y nos permitio tomar fotos. Ademas, nos llevo a una visita informal de quizás el sitio principal en la tradición de Roswell.

Extremo suroeste del edificio 84 (foto E.J. Wilson)

Mientras caminamos alrededor del edificio tomando fotografías, Cynon confirmó que ella y sus colegas están bien familiarizados con las historias sobre lo que ocurrió aquí dentro de este mismo edificio. Aqui dentro de la percha cavernosa con su techo alto arqueada, Walter Haut afirmó haber visto el OVNI estrellado y cuerpos no humanos. Aquí se puede sentir una extraña conexión física y mental con lo que paso tanto tiempo antes en este lugar misterioso.

Cynon, a continuación, nos llevó a otro lugar muy extraño, ubicado en Edificio 84, donde la leyenda cuenta que los extraterrestres fueron mantenidos por los militares, después de ser recuperados en el lugar del accident al norte de la ciudad. Empleados de las industrias de Stewart llaman la sala "gris", que puede ser el color monótono de la sala o el color de los extraterrestres "gris" que supuestamente estuvieron aqui en julio de 1947.

La pequeña sala interior del Edificio 84 donde los cuerpos se mantuvieron (foto E.J. Wilson)

El cuarto es muy pequeño y ahora se utiliza para almacenamiento general. Luz del sol entra a través de las ventanas mientras observamos este sitio tan extrano. Es lógico que los ocupantes del OVNI se mantuvieran seguros aquí, fuera de la vista, en esta pequeña sala en los rincones oscuros de la percha de aviones masiva en esta ex base aérea del ejército. Es una sensación extraña de maravilla y pavor que llena el visitante a esto más inusual de lugares.

Si está interesado en visitar el Edificio 84, tenga en cuenta que la empresa de Stewart Industries no permite que el público en general entre a sus instalaciones. Dada la naturaleza de la labor que realizan los empleados de Stewart, la presencia de grupos de turistas podría crear situaciones potencialmente peligrosas para los visitantes. Grupos turisticos definitivamente causarian problemas de responsabilidad con aseguradoras de la compañía y interferian con el trabajo de la empresa en la instalación. Sin embargo, los visitantes son libres de mirar a su alrededor y tomar fotografías desde fuera de la zona vallada de la instalación, junto a Challenger Street.

La sala gris (foto E.J. Wilson)

Familiarizado con el incidente de Roswell muchas personas han expresado el deseo de establecer Edificio 84 como un sitio histórico especial, en lugar de seguir utilizándose para la industria. Tal vez esto ocurrirá un día pronto.

El autor desea expresar sincero agradecimiento a Stewart Industries por permitir nuestra visita. Para obtener más información acerca de esta empresa innovadora, visite www.siiair.com. Stewart es uno de los principales proveedores de repuestos de aviación en la industria. En sus instalaciones de almacén de Oklahoma, la empresa tiene millones de partes para varios aviones Boeing, Airbus, Lockheed y McDonnell Douglas. En sus instalaciones de Roswell, la empresa desmantela aviones que han salido de servicio y se han vendido como chatarra.

El centro aéreo de Roswell es un área de almacenamiento popular para aviones a reacción que están temporalmente fuera de servicio o están esperando a ser desechado por partes, como se conoce el clima desértico árido ayuda a preservar la nave. Al visitar la antigua base militar, se puede ver un gran número de aviones diferentes, representando muchas aerolíneas, todos aparcados en la antigua pista de la base militar, tomando el sol de Roswell.

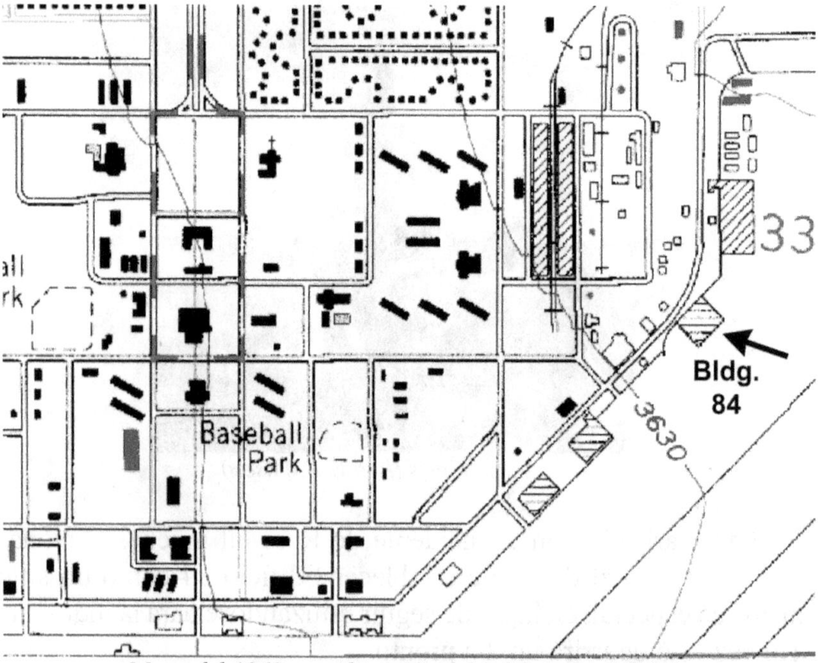

Mapa del 1962 con ubicación del Edificio 84 (USGS)

VEINTITRES: SEDE DE LA BASE MILITAR

Condición: Demolido. Ahora un lote vacío.
Localización: Noroeste de la intersección de las calles Gail Harris y Gillis
Accesibilidad: Porción vacante público-accesible.
Coordenadas Geograficas: 33.312665,-104.523363.

El edificio de la sede de la base militar lamentablemente ya no existe. Un terreno baldío cerca de la intersección de las calles de Gillis y Gail Harris es todo lo que queda de la estructura donde los líderes de la base hacían sus decisiones importantes, incluyendo el Comandante William Blanchard e Teniente Walter Haut. Esto fue muy probablemente el edificio donde Haut escribio el famoso comunicado de prensa acerca de un "disco volador capturado."

Foto de la década de 1960 del antiguo edificio de la sede (cortesía de HSSNM)

Mientras tanto, la oficina de Major Jesse Marcel Sr., fue probablemente ubicada en la sede del grupo 509ª de la bomba, un edificio que se encontraba más cerca a la línea de vuelo, al sur de la sede principal. En 1947, el sede principal fue el centro de la primera división militar de ataque nuclear en el mundo, con Blanchard como comandante, Haut como su oficial de información pública y Marcel como el oficial de inteligencia. Después de todo, se trata de la división que coordinó el lanzamiento de la primera bomba atómica sobre Hiroshima.

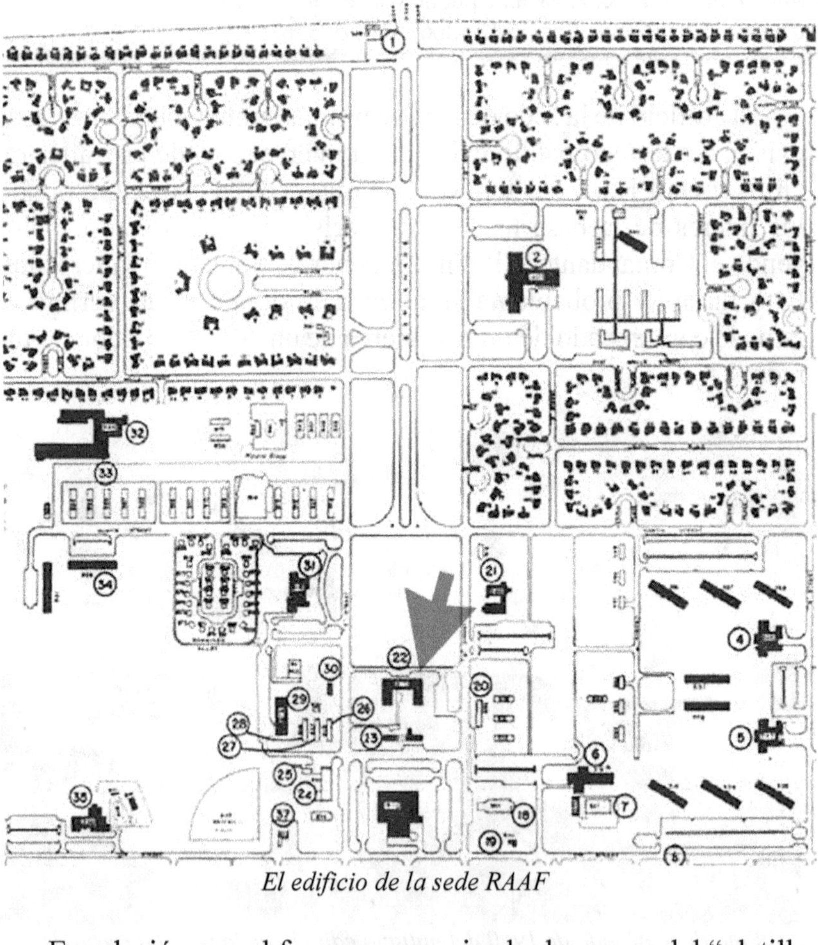

El edificio de la sede RAAF

En relación con el famoso comunicado de prensa del "platillo volador," Haut dijo, "Coronel Blanchard me dijo que escribiera un comunicado de prensa sobre la operación y que lo entregara a los periódicos y las difusoras de radio en Roswell. Blanchard quería que los medios de comunicación locales tuvieran la primera oportunidad de usar la historia. Fui primero a KGFL, a continuación, KSWS y luego al *Daily Record* y finalmente al *Morning Dispatch*."

"Al día siguiente, leí en el periódico que General Roger Ramey en Fort Worth había dicho que el objeto era un globo meteorológico.

"Creo que Coronel Blanchard vio el material, porque él sonaba positivo acerca de lo que fue el material. No hay ninguna posibilidad de que se hubiera equivocado con un globo meteorológico. Tampoco es posible que el comandante se hubiera equivocado de lo mismo.

Vaciar lote donde se encontraba la sede (foto E.J. Wilson)

"En 1980, Jesse Marcel me dijo que el material fotografiado en la oficina del General Ramey no era el material que se había recuperado en Roswell. Estoy convencido de que el material recuperado era algún tipo de nave espacial extraterrestre."

Cuando se visita el terreno baldío donde la sede principal se encontraba en 1947, piense del tremendo impacto en el mundo causado por el comunicado de prensa sobre el disco volador capturado por el ejército. Esa declaración breve escrita por Haut, bajo la dirección del coronel Blanchard, es muy probable el documento más importante del mundo con el tema de OVNIs. Sus ramificaciones eran inmensas y continuan hasta hoy. La antigua sede de la RAAF se encontraba justo al sur de un lote vacío que sirvió para desfiles militares.

VEINTICUATRO: ESTACIÓN DE BOMBEROS MILITARES

Condición: Todavía existe, pero ahora poseído privado.
Localización: 10 West Challenger St.
Accesibilidad: Propiedad privada.
Coordenadas Geograficas: 33.306761,-104.523599.

En una historia que por primera vez vio la luz en marzo de 2009, un ex bombero de ciudad del Roswell de 90 años de edad, identificado sólo como "El Sr. Smith," dijo una increíble historia acerca de la participación los departamentos de bomberos de la ciudad y de la base en la recuperación de un OVNI estrellado al norte de la ciudad. Smith, quien fue entrevistado por investigadores Anthony Bragalia y Kevin Randle, es el único miembro de los bomberos de Roswell de 1947 que estaba todavía vivo en 2009.

Ex estación de bomberos de la RAAF (foto E.J. Wilson)

Smith le dijo a Bragalia y Randle que inmediatamente después del estrellamiento del OVNI, un coronel del ejército visitó el departamento de bomberos de Roswell y le dijo a los bomberos que un "objeto desconocido desde algún otro lugar" se estrelló en el desierto fuera de ciudad. Dijo que la operación de "rescate" era enteramente la responsabilidad de los militares, y que los bomberos de la ciudad no debian salir a la escena del desplome. Además, les dijo que guardaran silencio sobre el objeto misterioso. Debido a lo que el coronel dijo a los bomberos de Roswell y también lo que después escuchó de otros testigos, Smith está convencido de que un objeto extraterrestre cayó norte de Roswell en julio de 1947.

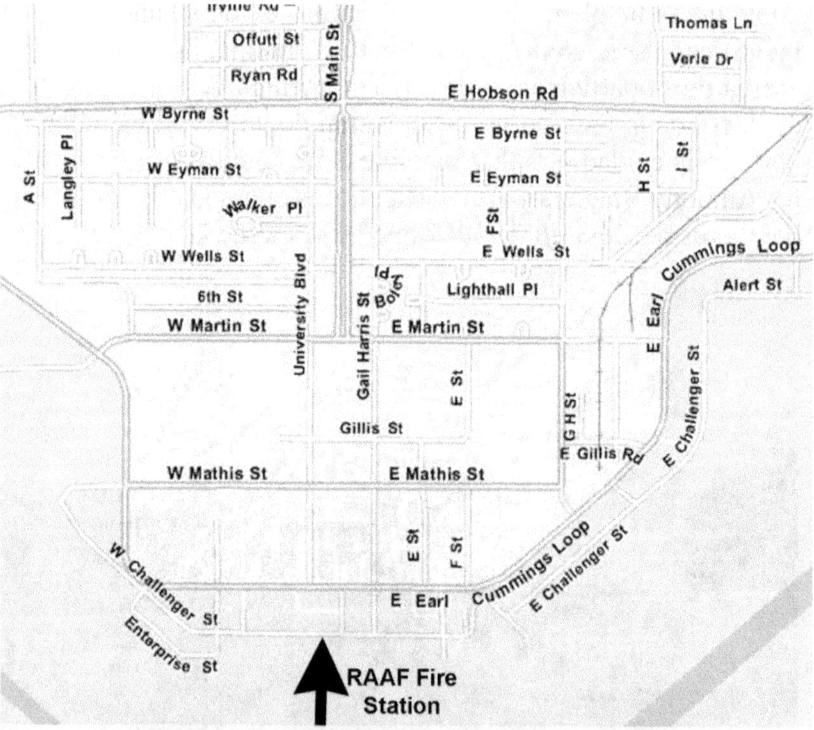

Mapa mostrando ex estación de bomberos RAAF

En cuanto al papel de los bomberos de Roswell en el incidente OVNI, Smith dijo que fueron realmente los bomberos del ejército aéreo que estuvieron más involucrados en el proceso de limpieza y recuperación de cuerpos. Eran los bomberos de la RAAF que "sabían la mayoría" sobre lo que ocurrió. Aunque varios bomberos de la ciudad, incluyendo Dan Dwyer, desafiaron las órdenes del coronel y salieron al lugar del accidente por cuenta propia, no se les pidió que fueran y realmente no estuvieron demasiado involucrados en la operación, de acuerdo con Smith.

Otra vista de la estación de bomberos de RAAF (foto E.J. Wilson)

Situado a lo largo de la línea de vuelo, la estación de bomberos de la RAAF tuvo tres bahías de amplio garaje para vehículos y una torre para observar los aeroplanos. Al visitar este edificio, favor de leer todos los avisos y advertencias. Estacionaso solamente en áreas señaladas.

VEINTICINCO: OPERACIONES DEL VUELO

Condición: Todavía existe. Ahora está una escuela pública.
Localización: 4 East Challenger St.
Accesibilidad: Propiedad del districto escolar. Acceso restricto.
Coordenadas Geograficas: 33.306873,-104.52264.

En su libro *Witness to Roswell*, Tom Carey y Don Schmitt contaron la increíble historia de Robert J. Shirkey, que en 1947 fue un teniente en el campo del ejército, sirviendo como oficial adjunto de operaciones del grupo 509ª de la bomba. Shirkey era el oficial de las operaciones de vuelo el 8 de julio de 1947, cuando fue testigo de una procesión muy extraña de hombres y material que paso cerca de donde estaba de pie.

Edificio de operaciones del vuelo de la RAAF es ahora una escuela (foto E.J. Wilson)

Afuera del edificio de las operaciones de vuelo, un bombardero B-29 estába listo para despegar a Wright Field en Ohio, cuando Shirkey vio al Coronel William Blanchard, el comandante de la base, entrar al edificio. Después de confirmar con Shirkey que el B-29 estaba listo para despegar, Blanchard señaló a un grupo de hombres para entrar al edificio y proceder a la espera del B-29. Shirkey vio al comandante Jesse Marcel, Sr. y al menos seis hombres no identificados vistiendo trajes azules oscuros (tal vez agentes del FBI). Marcel y los otros entraron al vestíbulo principal del edificio. Shirkey tenso a ver alrededor de Blanchard, y el comandante se paro deliberadamente de una manera para bloquear la mayoría de su vista. Shirkey alcanzo a ver a Marcel y los otros pasar cerca, cada uno llevando una caja de cartón abierta llena de lo que Shirkey despues describió como "chatarra." El material se parecía a aluminio, pero no era reflectante.

Foto del Anuario RAAF de 1946 (cortesía de HSSNM)

Paso Marcel muy cerca, llevando una caja abierto, y dentro de esa caja Shirkey vio algo muy extraño. "Pegada a una esquina de la caja vi una viga de tipo "I-beam" con marcas como jeroglíficos en la pestaña interior, y de un color curioso, no negro, no púrpura, pero una aproximación cerca de los dos," Shirkey dijo a Carey y Schmitt.

Siguio caminando la procesión extraña de hombres, saliendo a donde esperaba el bombardero B-29. Levantaron las cajas y las pusieron adentro del B-29, y, a continuación, todos ellos subieron al avión. “Aquí llegó y alla se fue,” Shirkey dijo.

El edificio en forma de “H” que sirvió para las operaciones de vuelo sigue en pie hoy en la calle Challenger, numero 4, situado inmediatamente al lado de la antigua estación de bomberos de la base. Es ahora la escuela secundaria Sidney Gutiérrez Middle School (el nombre deriva de un ex astronauta de la NASA) y es parte del distrito escolar independiente de Roswell.

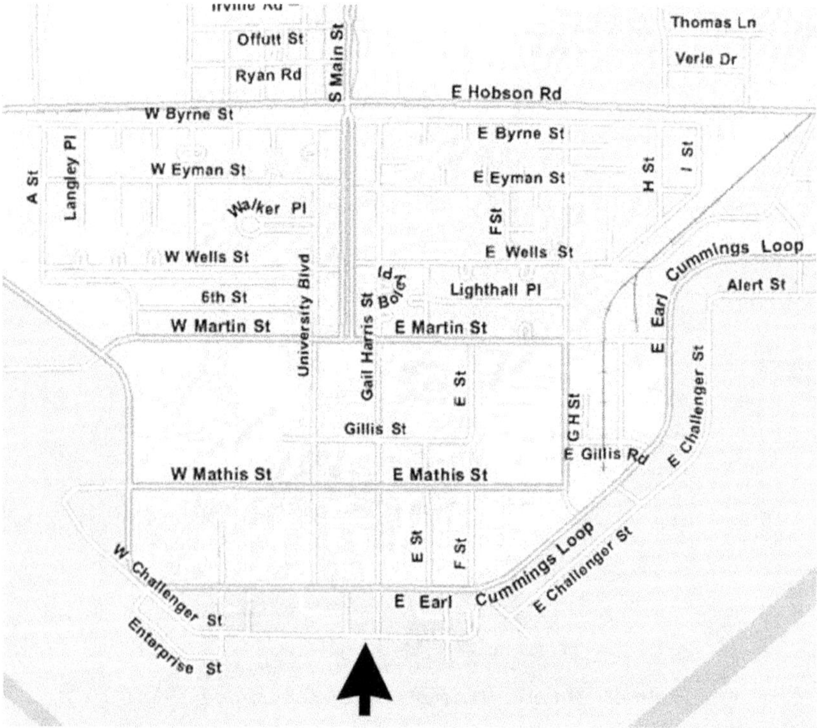

Flecha muestra la ubicación del edificio de operaciones del vuelo

Tours de la escuela no están disponibles, y los visitantes que no tienen negocios relacionados con la escuela no se permiten en la escuela durante el horario escolar, debido a los procedimientos de seguridad normal del distrito escolar. Los miembros del público que gustan visitar este sitio podrán ver sólo el exterior del edificio. Recomendamos ir en un fin de semana o cualquier día cuando escuela no está en período de sesiones.

Secundaria Sidney Gutierrez (foto E.J. Wilson)

Si desea ponerse en contacto con la escuela, llame a 575-347-9703. El sitio Web de la escuela es *www.sgms.us*. Puede ser posible programar un recorrido por el edificio en un día cuando la escuela no este en sesión. Dichos acuerdos deben hacerse con funcionarios del distrito escolar antes de cualquier tal visita.

VEINTISEIS: SITIO DEL INCINERADOR

Condición: El incinerador fue demolido alrededores de 1999.
Localización: Cerca de la intersección de S. Aspen Rd. y Old Y O Crossing Rd.
Accesibilidad: Propiedad del aeropuerto. Cercado. Acceso muy limitado.
Coordenadas Geograficas: 33.287243,-104.547321.

El ex incinerador del campo de ejército es un sitio fascinante por una serie de razones. El incinerador, mostrado en la foto debajo, operó desde 1941 hasta 1967 y fue utilizado para destruir documentos clasificados y otros materiales. Situado en el extremo suroeste de la base, este también fue el sitio donde un testigo, durante el incidente de Roswell, vio una gran carpa militar rodeada por una cerca de cadena-vínculo de 8 pies de altura.

Incinerador de la RAAF (foto del Gobierno de los Estados Unidos)

Según Carey y Schmitt, el testigo, el cabo Edward Harrison, recibio ordenes para llevar un destacamento de soldados bajo su mando y ponerlos alrededor de la carpa misteriosa que aparecieron de repente en uno de los rincones más remotos de la base aérea. Se les dijo a Harrison y sus hombres que debían disparar a "cualquier cosa que no es un conejo."

Foto de los años 40 de la RAAF - puntas de flecha en la esquina suroeste de la base (cortesía de HSSNM)

Harrison dejó a sus hombres afuera de la carpa para llevar a cabo la asignación de la noche, y cuando regresó la mañana siguiente, fue sorprendido de encontrar que la carpa y la cerca habían desaparecido sin dejar rastro. Despues en su vida, Harrison escucha más sobre el incidente de Roswell y se convenció que presenció parte de una operación militar para ocultar los cuerpos recuperados en el desplome del OVNI antes que fueron transportados de Roswell en avión.

Carey y Schmitt teorizan que los cuerpos extraterrestres fueron mantenidos en esta ubicación remota debido al increíblemente fuerte olor que anteriormente había causado problemas en el hospital de la base. De acuerdo con esta teoría, en algún momento antes del amanecer, los cuerpos fueron trasladados desde la carpa improvisada a una sección cerca de la pista. A continuación, los cuerpos se cargaron en un avión Boeing B-29 usando un ascensor hidráulico utilizado normalmente para cargar bombas en los aviones. Para los observadores distantes, la actividad de madrugada en la pista no habría llamado mucho la atención, como el proceso de cargar los aviones era algo común en la RAAF.

Otro aspecto interesante de la incineradora es que probablemente se utilizado para disponer de documentos relacionados con el incidente de Roswell de 1947. Dado el alcance de la operacion de recuperación y encubrimiento, parece razonable suponer que los militares habrían generado un gran número de documentos clasificados sobre el evento. Posteriormente, estos documentos probablemente fueron quemados en el incinerador de la RAAF para asegurar que nunca pasaran los secretos de Roswell al público en general.

Foto de campo del ejército de Roswell en 1946 (cortesía de la sociedad histórica para el sureste de nuevo México)

El sitio del incinerador situado al suroeste de las pistas, es, incluso hoy, muy aislado y no visitado. Para llegar al sitio, camine hacia el sur en la calle principal del centro de la ciudad hasta llegar a la entrada del centro de aire de Roswell. Ir a la derecha en W. Hobson Road, oeste de partida hasta la carretera gira hacia el sur y se convierte en South Nevada Road y despues cambia el nombre a S. Aspen Road. Continuar en Aspen hasta que termina en la intersección de Old Y O Crossing Road. Alli está el sitio de la antigua estación de incinerador de la RAAF. La zona está cercada, y tendrá que tomar fotos desde fuera de la cerca.

Al visitar esta área, tenga en cuenta que las calles están sujetas a cerrarse debido a las actividades del aeropuerto. Por favor, ejercer precaución al visitar esta zona. En cuenta todas las señales de advertencia. No impiden las operaciones del aeropuerto. Respete las barreras, incluyendo cercas. Si se le solicita a volver por las autoridades, hágalo inmediatamente. No entrar en áreas que son claramente fuera del alcance del público en general. Recuerde que la seguridad en los aeropuertos se ha convertido en una preocupación muy importante en los últimos años.

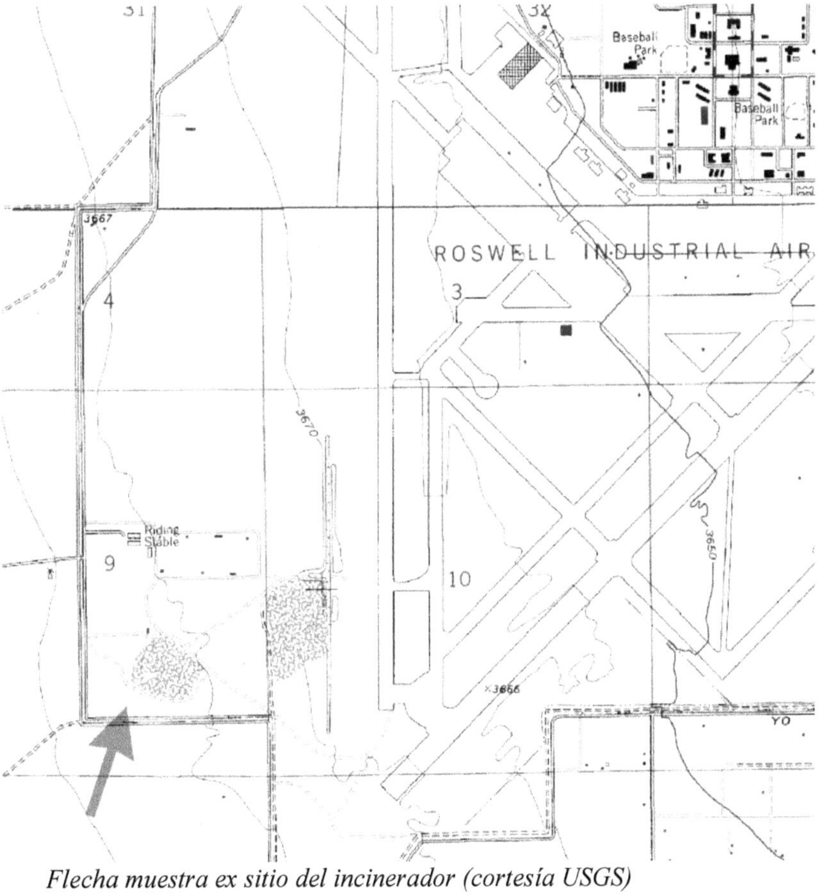

Flecha muestra ex sitio del incinerador (cortesía USGS)

El sitio del antiguo incinerador es, sin duda, otra parada fascinante en nuestro recorrido por lugares de interés en Roswell. Uno sólo puede preguntarse cuales elementos fascinantes del desplome y recuperación en 1947 pudieron haberse desarrollado en este mismo lugar.

VEINTISIETE: RANCHO WOODY Y SITIO DEL CORDÓN MILITAR

Condición: Ranch is privately owned land. Roadway is public.
Localización: 6400 Cree Road, Dexter, NM, y continuando hasta 20 millas norte de Roswell a lo largo de la carretera 285.
Accesibilidad: Acceso público a lo largo de la carretera.
Coordenadas Geograficas: El Racnho Woody (33.299704,-104.46049).

En una declaración jurada del 28 de septiembre de 1993, otro residente local dijo que vio algo muy inusual en los cielos sobre Roswell alrededor del 4 de julio de 1947. El testigo, William M. Woody, tenía 14 años de edad y vivia en la granja de su familia, ubicada cinco millas al sur de Roswell, justo al este del campo del ejército de Roswell.

El Rancho de William M. Woody Farm (foto E.J. Wilson de 2011)

Woody y su padre estaban afuera a la puesta del sol cuando vieron lo increíble, de acuerdo con la declaración jurada: "de repente, el cielo se ilumino. Cuando intentamos ver de donde venia la luz, vimos un objeto grande y muy brillante en el cielo al suroeste, moviéndose rápidamente hacia el norte.

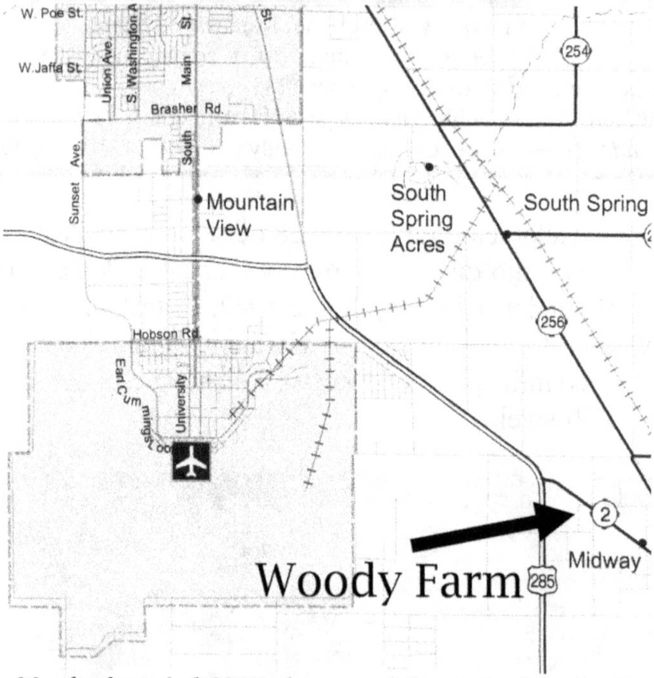

William Moody observó el OVNI al sureste de la granja de su familia en Roswell (mapa de NM-DOT)

"El objeto tenía una intensa luz, blanca y brillante, como de un soplete, y tenía una cola larga como de llama, con colores como llama de soplete disminuido a un color rojo pálido. La mayor parte de la cola era de este color rojo pálido. La cola era muy larga, igual a 10 diámetros de la luna llena.

"Sigimos viendo al objeto mientras camino por el cielo hasta que desapareció bajo el horizonte norte. Avanzo con rapidez, pero no tanto como un meteoro. La tuvimos en vista, parecía, de 20 a 30 segundos. Su brillo y los colores no cambiaron durante todo el tiempo. Definitivamente cayó fuera de la vista bajo el horizonte, sin 'apagarse' antes de cayer como un meteoro. Mi padre pensó que era un gran meteorito y estaba convencido de que había caído a tierra 40 millas al norte de Roswell, probablemente un poco al suroeste de la intersección de U.S. Highway 285 y la calle de Corona (State Highway 247).

El punto de donde los Woodys observaron el OVNI se encuentra en 6400 Cree Street, que ahora se encuentra en la ciudad de Dexter, Nuevo México. Curiosamente, este avistamiento de un objeto brillante moviéndose desde el sur hacia el norte en el lado oeste de Roswell es coherente con lo que fue reportado por las monjas Franciscanas en el Hospital de Santa María.

Creyendo que el objeto había caído en algún lugar a lo largo de la carretera 285 al norte de la ciudad, el Senor Woody y su hijo despue fueron en su camión de granja y hacia el norte en 285, con la esperanza de encontrar más información acerca de lo habían visto. Como se explica en nuestro próximo capítulo, lo que encontraron fue una fuerte presencia militar con órdenes de no permitir que a los civiles se acercaran del sitio del estrellamiento.

William Woody recordó que él y su padre tomaron la carretera 285 al norte de Roswell poco después de ver un objeto muy brillante pasar rápidamente sobre sus cabezas caminando de sur a norte. "Mi padre pensó que era un gran meteorito y estaba convencido de que había caído a tierra 40 millas al norte de Roswell, probablemente un poco al suroeste de la intersección de U.S. Highway 285 y la calle de Corona [State Highway 247]."

Aunque el mayor Woody estaba muy curioso sobre el objeto, por causa de otras preocupaciones, esperó "dos o tres" días antes de viajar al norte de la ciudad para tratar de encontrar el sitio donde cayó el "meteorito." "Mi padre conocia el territorio muy bien, todos los caminos y muchas de las personas. Dos o tres días después del avistamiento (definitivamente no al día siguiente), decidió ir a buscar el objeto. Me llevó con él en nuestro camión viejo. Condujo hacia el norte a través de Roswell en U.S. 285."

Mientras los Woodys caminaban hacia al norte, fueron concientes de una fuerte presencia militar todo a lo largo de la carretera 285. Los soldados fueron asignados como "centinelas" para impedir que civiles curiosos salieran de la carretera 285 y tomaran cualquiera de los caminos deserticos al oeste, hacia el pueblo de Socorro. "Unas 19 millas al norte de la ciudad, donde la carretera cruza el arroyo "Macho Draw," vimos a un soldado uniformado estacionado junto a la carretera", dijó William Woody. "Siguiendo para el norte, vimos más centinelas y vehículos del ejército. Estaban estacionados en todas las carreteras, caminos de tierra, encrucijada, caminos de rancho, etc. – Estaban bloqueando toda salida de la carretera 285. Y estaban armados, algunos con fusiles, otros con armas de lado." Lo que vieron los Woodys fue claramente una operación a gran escala diseñada para mantener curiosos fuera de la escena del desplome de OVNI.

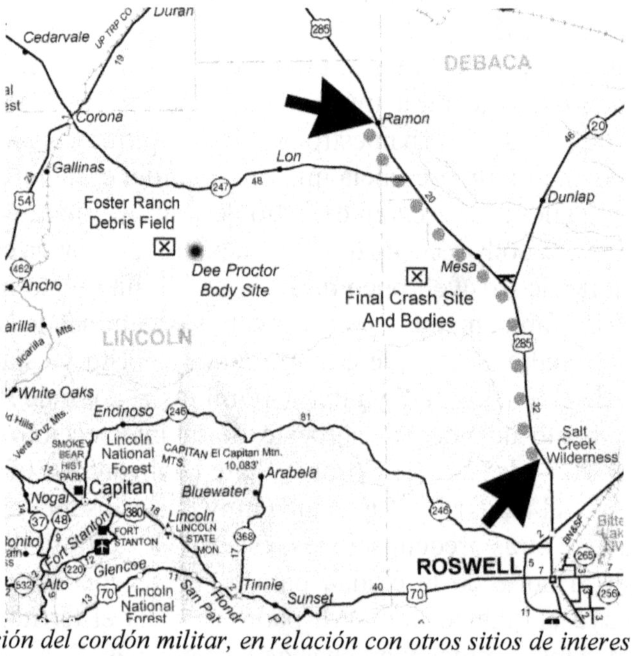

Ubicación del cordón militar, en relación con otros sitios de interes (mapa NMDOT)

Muchos investigadores preguntan que porque se guardaban tan bien los restos de un globo de altitud experimental, ¿por qué se enviaron tantos guardias a lo largo de todos los caminos alrededor de Roswell? Del mismo modo, si lo único que guardaban eran algunos escombros extraños en el Rancho Foster, situado cerca de Corona, ¿por qué se cerraron todas las carreteras y caminos a lo largo de la carretera 285, mucho más cerca de Roswell? Para muchos, la fuerte presencia militar es una indicación de que algo más significativo que un globo se estrelló en al norte de Roswell y que era algo más significativo que sólo los escombros encontrados en el Rancho Foster. Obviamente, dicen ellos, fue un platillo volador que se estrelló y cayo cerca de la carretera 285 algunas millas norte de Roswell. El ejército tomo acción para asegurar que nadie legara al llamado "sitio final de impacto," donde por fin cayo el OVNI después de botar en el Rancho Foster.

Viendo todos los guardias militares, William Woody y su padre se detuvieron para pedir informacion acerca de la situación. "Nos paramos en un puesto de un centinela, y mi padre le pregunto a un soldado lo que estaba sucediendo. El soldado, cuya actitud fue muy agradable, dijo que sus órdenes eran de no permitir que nadie deje la carretera 285 y entre en el campo." Claramente, dicen los investigadores, los soldados no sabian que estaban protegiendo, o tal vez se les dijo que un aeroplano secreto del gobierno se había estrellado en el desierto. La mayoría de los soldados, hasta este día, no tiene ni idea lo que realmente fue sus papeles en los acontecimientos de ese día en julio de 1947. Todos han oído rumores e insinuaciones, pero ni uno de ellos tiene conocimiento directo.

Woody y su padre continuaron en la carretera 285 al norte y notaron que el desvío al pueblo de Corona también estaba bloqueado por los militares. Además, los soldados continuaron bloqueando las salidas de carretera hasta llegar al pueblo de Ramon, que es de unas 60 millas de los límites de la ciudad de Roswell. Woody, dijo, "mientras caminamos al norte, vimos que la calle de Corona (State Highway 247), que continua al oeste de la carretera 285, estaba bloqueada por soldados. Seguimos en cuanto a Ramon, unas nueve millas al norte de la intersección de 247. Habia también allí, centinelas. En Ramón, dimos la vuelta y regresamos al sur y a nuestra casa."

Woody recuerda que su padre le dijo que el ejército evidentemente buscaba algo en el desierto. "Recuerdo que mi padre dijo que pensaba que el ejército andaba buscando algo que se había registrado en la radar antes de caer. No se si el soldado con quien hablo le dijo esto o era simplemente su opinon. No estoy seguro."

Otro testigo también reportó un cordón militar en la misma área en 1947. Un paleontólogo de la Universidad de Nebraska, Dr. C. Bertram Schultz, le dijo al investigador Kevin Randle en 1993 que vio a soldados bloquea el acceso al desierto al oeste de la carretera 285. Schultz dijo que encontró los soldados a unas 15 o 20 millas al norte de Roswell. Schultz fue uno de varios testigos cuyo testimonio parece corroborar lo que observo William Woody de un cordón militar a lo largo de la carretera 285, y extendiéndose al norte al pueblo de Ramón.

El sitio del cordón militar puede verse en camino al campo de escombros del Rancho Foster, comenzando a 10 millas al norte de Roswell y continuando hasta el desvío de la carretera 247. Mientras usted camina a lo largo de esta distancia de aproximadamente 20 millas, imaginanese la mano de obra militar necesaria para sellar todas las salidas de esta carretera.

VEINTIOCHO: RANCHO FOSTER

Condición: Tierra pública, pero rodeada por terreno privado.
Localización: Aproximadamente. 99 millas noroeste de Roswell, cerca de Corona, NM.
Accesibilidad: Propiedad del gobierno federal. El permiso de acceso se debe obtener por adelantado.
Coordenadas Geograficas: 33.945385,-105.308553.

Approximadamente 99 millas al noroeste de Roswell, en el rancho de J. B. Foster, cerca del pueblo de Corona, el ranchero William Ware "Mack" Brazel escucho un rugiente trueno de una violenta tormenta eléctrica en la tarde del 4 de juliode 1947. De repente, oyó una explosión particularmente fuerte que fue claramente a diferente de cualquiera de los otros sonidos de trueno. El fuerte sonido explosivo también fue escuchado por un número de otros residentes de la zona cerca del Rancho Foster.

Marcador colocado cerca del sitio en 2003 (Foto por E.J. Wilson)

A la mañana siguiente, mientras caminando a caballo por el Rancho, observando los efectos de la tormenta, Brazel encuentro un campo de escombros pareciendo fragmentos metálicos de un tipo muy extraño. Muchos creen que los fragmentos fueron piezas de un platillo volador que había sufrido daños durante la violenta tormenta eléctrica de la noche anterior.

Aunque el Rancho Foster es sólo uno de varios lugares que han sido conectados con el incidente de julio de 1947, es el único sitio en cual todo mundo está de acuerdo: incluso los escépticos. Que hubo un campo de escombros desconocidos encontrado en el rancho de Foster durante la primera semana de julio en 1947 es un hecho universalmente aceptado. Para los creyentes, el campo de los desechos fue creado por fragmentos metálicos de un OVNI. Para los no creyentes, eran los restos de una matriz de globo de altitud diseñado para detectar ensayos nucleares rusos - o de otro tipo de objeto convencional, hecho por los hombres.

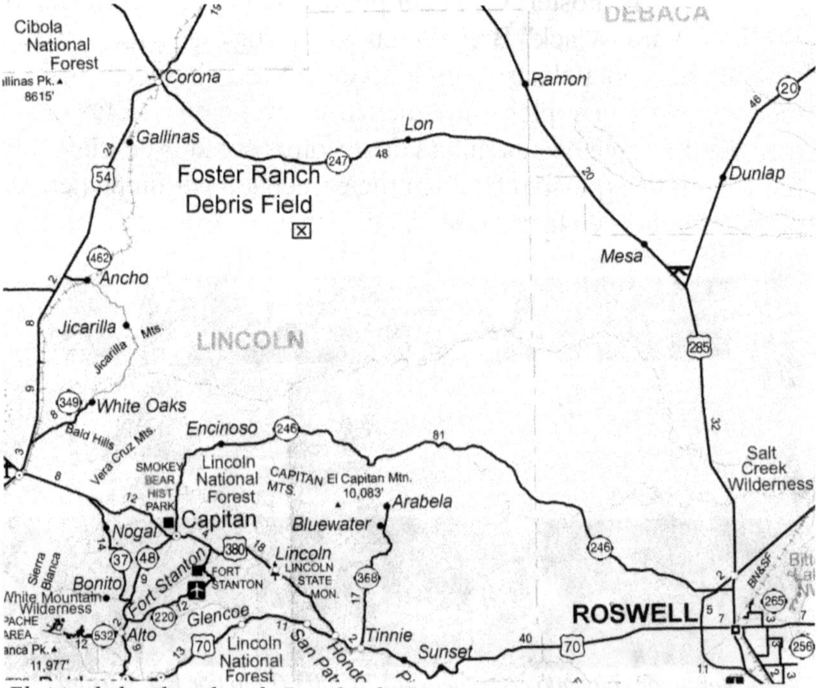

El sitio de los desechos de Rancho de Foster es marcado (mapa de NMDOT)

Cómo llegar allá

Precaución: No intente este viaje sin alimentos adicionales, agua, equipo básico de supervivencia, un vehículo con tracción en las cuatro ruedas que tenga una buena distancia al suelo y un conductor con experiencia en terrenos difíciles. Use ropa protectora adecuada, incluidas botas, para ayudar a protegerse contra las serpientes de cascabel. Además, no hay señal de teléfono celular, habitación o infraestructura de ningún tipo. Si te subes allí y tu vehículo no arranca, caminarás bastante a B007 para obtener ayuda. Usted es responsable de la preparación adecuada y de su propia seguridad.

Descargo de responsabilidad: los autores han hecho todos los esfuerzos posibles para proporcionar coordenadas precisas, pero no pueden ser responsables de los errores técnicos. Si escanea el código QR (derecha), toda la ruta se mostrará en Google Maps™.

Direcciones desde el centro de Roswell

1. Vaya al NORTE en Main St (NM 285-N) hasta que pase Wal-Mart a la izquierda.
2. Gire a la IZQUIERDA en W. Pine Lodge Rd (NM 246-W) al 33.452261, -104.523642.
3. Continúe OESTE en W. Pine Lodge, (NM 246-W) 4.2 millas. En 33.451773, -104.594415, siga la curva a la derecha para permanecer en NM-246.
4. Continúe por NM-246 otras 54.9 millas, permanezca en NM-246 hasta B007 / Transwestern Rd. en 33.710025, -105.360991. Verá carteles a la derecha que indican la estación del compresor Corona 8, seguidos inmediatamente por un cartel de la calle "TRANSWESTERN". Aquí es donde gira a la DERECHA. Nota: Transwestern también se conoce como T / W.

1. CONTINUAR a 16.7 millas hasta la intersección con una pista de aterrizaje vieja en 33.922401, -105.332205. La antigua pista de aterrizaje es perpendicular a la carretera y se ve como el asfalto viejo y roto, como se muestra en las fotos a continuación.

2. Desde la pista de aterrizaje, avance lentamente exactamente 2.5 millas y pare. A su derecha, debería ver un rastro de llanta que se parece a la foto de abajo. Gire a la DERECHA en él. Las coordenadas GPS para el inicio de este recorrido son: 33.95802, -105.33236.

El camino que conduce al marcador de colisión

PRECAUCIÓN: El sendero se pone difícil y, en algunos lugares, se conduce a través de barrancos muy rocosos y lechos de arroyos secos.

Siga con cuidado la senda 1,7 millas hasta la placa de Sci-Fi y el monumento a la roca a su izquierda, en la foto abajo en 33.945385, -105.308553. Felicidades, has llegado!

Desde donde se encuentra la placa y el monumento, mirando hacia el este-sureste, verá, a lo lejos, un conjunto de torre de molino de viento, de pie junto a un tanque de agua y un corral. Ir a esa ubicación, que es una parte opcional de nuestro viaje, lo acercará un poco al área donde Mack Brazel encontró la mayor concentración de restos de OVNI en el rancho Foster en 1947.

El molino de viento y corral visto en la distancia

Aunque los restos se dispersaron en un área muy grande, se encontró una gran agrupación más cerca de la ubicación del molino de viento y el corral. Para llegar allí, desde el marcador de Sci-Fi Channel y el monumento de piedra, continúe por el sendero por otro .7 millas al este-sureste, hasta llegar al área del molino de viento. En las siguientes fotografías, verá el enfoque y la llegada a la ubicación del molino de viento, que se encuentra en las siguientes coordenadas geográficas: 33.94287, -105.297208.

Llegando al molino de viento y corral

Aunque la antigua ubicación de Foster Ranch ahora se encuentra en terrenos públicos administrados por la Oficina de Administración de Tierras de los EE. UU. (BLM), solo se puede llegar al viajar a través de un tramo de tres millas de tierras de propiedad privada. El permiso debe obtenerse de los propietarios antes de cualquier visita. Para obtener más información acerca de cómo acceder a este terreno, comuníquese con la Oficina local de Roswell de la Oficina de Administración de Tierras, en 2909 W. 2nd Street en Roswell. Su número de teléfono es (575) 627-0272 y el sitio de Web es *https://www.blm.gov/office/roswell-field-office*.

Al viajar al sitio de campo de escombros, se insta a los miembros del público a respetar todos los letreros y vallas montados por propietarios de tierras privados en el área y a cumplir con todas las reglamentaciones federales con respecto al acceso público a las tierras de BLM. La ley federal prohíbe "desfigurar, perturbar, destruir o eliminar propiedades personales, estructuras, ganado, recursos arqueológicos, recursos minerales o cualquier recurso natural". También hay una serie de otras leyes y restricciones importantes, sobre las cuales se puede obtener más información. de la Oficina de campo de Roswell del BLM.

Noe Torres y John LeMay en el sitio del marcador histórico erigido por el canal SyFi (izquierda) y el marcador de piedra (derecha). Una vista del área (abajo).

Dado su gran importancia para todos los que buscan la verdad sobre el caso Roswell, muchos investigadores consideran que la ubicación de Foster Ranch debería protegerse para las generaciones futuras. El sitio aún es objeto de una serie de investigaciones en curso sobre el evento de 1947, y los visitantes deben tener mucho cuidado de no desequilibrar nada en el lugar, no llevarse nada del sitio y no dejar nada atrás.

Incluso el gobierno federal ha tomado medidas para proteger la ubicación de Foster Ranch, según el investigador Dennis Balthaser, "debo felicitar al Departamento de Interinas de la Oficina de Administración de Tierras (BLM) de los Estados Unidos. En una Evaluación Ambiental reciente del rancho donde se encuentra el sitio de desechos, el BLM protegió el sitio en su informe con la siguiente declaración: 'Uno de los supuestos sitios de colisión de OVNIS de 1947 se encuentra en esta asignación. El sitio del accidente del OVNI ha sido excluido de los derechos de paso y del arrendamiento de minerales. El sitio se retirará de la ubicación de la reclamación minera y se designará como NSO (sin ocupación de superficie) para el arrendamiento de petróleo y gas. "Aunque la palabra 'al-leged' se usa en la declaración de BLM, me indica que alguien dentro de el BLM tuvo la previsión de proteger al menos esta propiedad para el futuro ".

Los "otros" sitios de estrellamiento

Como se mencionó anteriormente, el campo de desechos de Foster Ranch es el único sitio "accidentado" en el que todos están de acuerdo, tanto los creyentes de OVNI como los escépticos. Los creyentes dicen que los restos encontrados provenían de un OVNI; los escépticos dicen que era un objeto convencional hecho por el hombre, como un globo militar de gran altitud. Entonces, ¿Foster Ranch es el único y único sitio de colisión UFO de Roswell? Bueno no exactamente. La mayoría de los investigadores de ovnis creen que los restos hallados en el rancho Foster se depositaron allí cuando el OVNI angustiado "rebotó" o "saltó" antes de volver a volar y continuaron rumbo este-sureste durante otras 30 o 40 millas aéreas antes de que finalmente se estrelló contra el suelo y luego fue recuperado por los militares. Determinar dónde ocurrió este "impacto final" ha sido uno de los aspectos más elusivos del Incidente de Roswell.

Según las investigaciones de Tom Carey y Don Schmitt, el famoso OVNI de Roswell aparentemente cayo en el Rancho Foster y "reboto" or "salto," arrojando los desechos. Aunque sostuvo considerable dañe, el OVNI continuo volando hasta que finalmente se estrelló en el noroeste del condado de Chaves, aproximadamente treinta millas al este-sureste del Rancho Foster. En camino a su última morada, el OVNI arrojo desechos adicionales y "dos o tres cuerpos" en un lugar conocido como el "sitio de los cuerpos vistos por Dee Proctor."

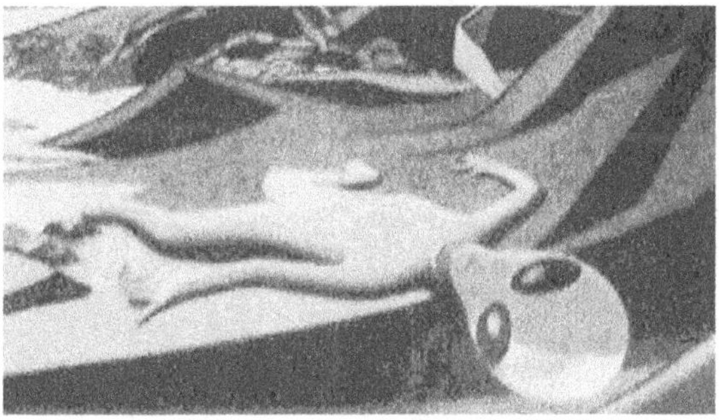

Mural en el Museo OVNI de Roswell (foto de 2008 por Noe Torres)

En su libro *Witness to Roswell*, Carey y Schmitt contaron la historia de Timothy "Dee" Proctor, que tenía siete años de edad en 1947. El joven después le dijo a su madre que el había acompanado a Mack Brazel cuando Brazel encontro "algo más" en un sitio aproximadamente dos millas y media este-sureste del campo de escombros. Aunque Proctor nunca dijo exactamente lo que vio alli, muchos creen que el y Brazel encontraron a dos o tres cadáveres no humanos y algunos restos adicionales del OVNI. Estos fueron los cuerpos de cuales Mack Brazel supuestamente habló durante una conversación telefónica con el locutor de radio KGFL Frank Joyce el 7 de julio de 1947.

Joyce afirmó en 1994 que, durante la llamada, Brazel se refirió a los cadáveres que encontro en el rancho como "gente pequeña... pequeñas criaturas lamentables" y dijo que el "olor" de los cadáveres era "simplemente terrible." Testimonio de Joyce sobre lo que Brazel le dijo constituye la base de la teoría del "sitio de Dee Proctor."

Proctor, quien falleció en 2006, negó a todas las solicitudes de entrevista y mantuvo totalmente silencio acerca de lo que vio en 1947. Su madre, la Sra. Proctor, sin embargo, dio una declaración jurada en 1991, afirmando que ella había sido testigo de algunos de los restos metálicos extraños que había encontrado Brazel dispersos en el rancho de Foster.

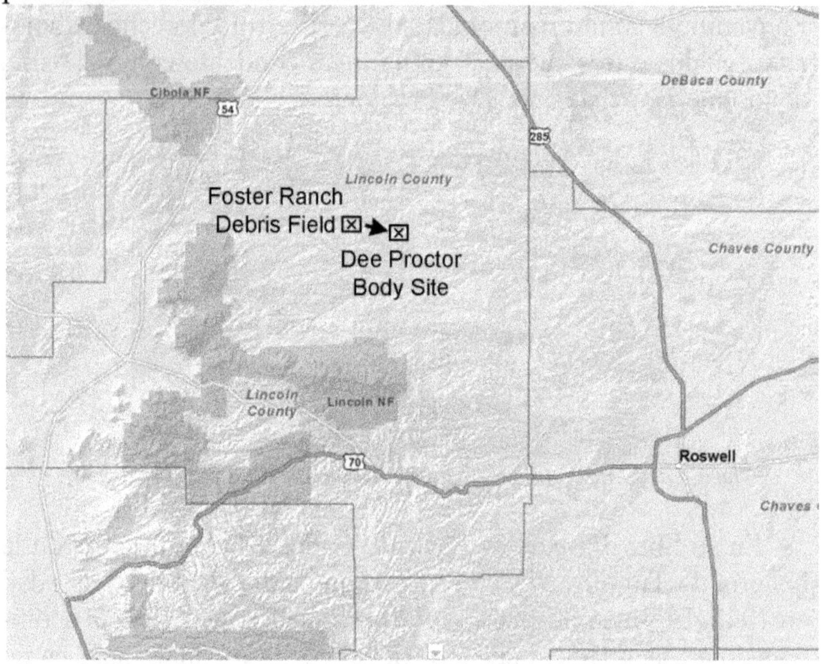

Sitio de Dee Proctor, aproximadamente 2,5 millas al sureste del Rancho de Foster (mapa de BLM)

Ella dijo, "en julio de 1947, mi vecino William W. 'Mack' Brazel llego a mi rancho y mostro a mi marido y a mi una pieza de material que dijo provenía de los escombros en el Rancho Foster. La pieza que traía era marrón en color, similar al plástico. Él y mi esposo intentaron cortar y quemar el objeto, pero no fueron exitosos. La pieza era extremadamente ligero de peso. Nunca antes había visto algo igual. Mack dijo que otro material en su rancho parecia papel de aluminio. Era muy flexible y no se podía aplastar o quemar. También vio algo que describió como cinta que tenía un letrero. Las letras era una especie de púrpura en color. Dijo que no era escrito japonés; parecia asemejaba a jeroglíficos."

El sitio de Dee Proctor esta aproximadamente dos millas y media este-sureste del campo de escombros del Rancho Foster, pero no es accesible al público. Es propiedad privada, y excursiones no están disponibles. Investigadores de OVNI que han recibido un permiso especial para visitar el sitio nos informan que permanece visible ninguna evidencia del desplome que ocurio una vez aquí.

Aunque hay un acuerdo universal entre los investigadores de OVNI que extraños escombros cayeron allí, el rancho de Foster no es el sitio final del impacto del OVNI. Varios testigos, incluyendo el Sheriff George Wilcox y varios bomberos de Roswell y agentes de policía, vieron el disco volador estrellado en un lugar al norte de Roswell, no lejos de la carretera 285.

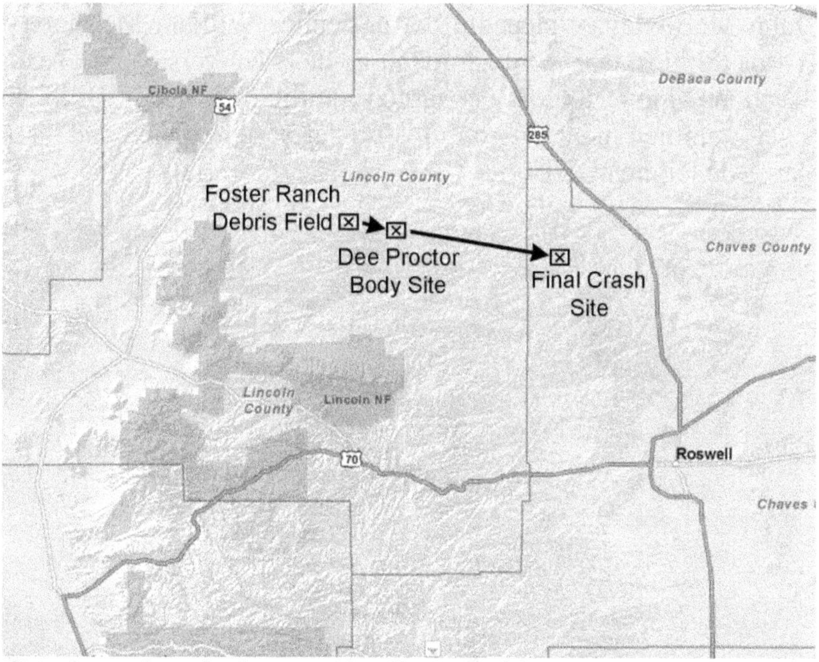

Sitio de accidente final, aprox. 30 millas E-SE del sitio Proctor (mapa BLM)

Don Burleson, en su publicación *Roswell Trajectory Feasibility*, escribió, "por todas las fuentes, el OVNI de Roswell sufrió algún tipo de desactivación repentina (posiblemente le cayo un rayo) sobre el [Rancho Foster] campo de escombros, esparciendo sus restos en muchas hectáreas de pradera y cayendo a tierra en algún lugar en el area. La verdadera pregunta, cuando uno toma el campo de los desechos como punto de partida para el análisis, es entonces cuánto despues el objeto probablemente cayo"

En su libro *Witness to Roswell*, Tom Carey y Don Schmitt han propuesto que el objeto recuperado de su accidente inicial cerca en el rancho de Foster, alejo escombros y cuerpos en el sitio de Dee Proctor y finalmente se estrelló para siempre en un lugar aproximadamente 33 millas al sureste del rancho de Foster. Ese es el lugar del accidente final, segun Carey y Schmitt, y de allí se recuperaron tres cadaveres no humanos y un ser vivo. Esta ubicación esta aproximadamente 40 millas al nor-noroeste de los límites de ciudad de Roswell, que correlaciona generalmente con el sitio mencionado por varios testigos de Roswell, incluyendo Walter Haut (en su declaración de 2003), el gerente de KSWS John McBoyley, y el padre del agricultor William M. Moody. Otros testigos, tales como arqueólogo de la Universidad de Texas Tech W. Curry Holden y el sargento militar Lewis S. "Bill" Rickett, también mencionaron un sitio "al norte de la ciudad" a lo largo de Highway 285.

Diorama en Museo OVNI (foto de 2008 por Noe Torres)

En particular, este sitio propuesto se encuentra en el condado de Chaves, la sede gubernamental de cual es Roswell, lo que podría explicar la participación de bomberos, policía y otros funcionarios de Roswell en la operación de rescate. El campo de los desechos del Rancho Foster, por otro lado, se encuentra en el condado de Lincoln.

El área general del sitio de impacto final, identificado por Carey y Schmitt, se encuentra en propiedad privada y no es accesible al público. Ninguna prueba evidente, sobre el suelo del accidente existe hoy. Muchos de los testigos de Roswell declararon que los militares limpiaron completamente el área de los escombros en los días siguientes al accidente.

Mientras que la ubicación de Carey-Schmitt sigue siendo de gran interés para los investigadores de OVNI, no es el único lugar que ha sido propuesto para el "sitio de impacto final." El investigador Don Burleson favorece un sitio de impacto final más cercano del Rancho Foster, quizás dentro de 16 millas del campo de escombros y dentro de la parte oriental del condado de Lincoln. Burleson construyó una fórmula matemática basada en la altitud del OVNI, su velocidad y la distancia que se desplazó después de ser golpeada por un rayo o por otro objeto en el Rancho Foster. Con esta fórmula, Burleson propuso que si el OVNI viajaba a 3,000 millas por hora a una altitud de 6,400 pies al tiempo que perdió propulsión, hubiera caído algunos 16.7 millas del rancho de Foster. El problema, por supuesto, es que no se conocen la verdadera altura ni la velocidad del OVNI, y también no sabemos si el objeto inmediatamente perdio todo poder de propulsión.

Stanton Friedman, el investigador que primero llevó el caso Roswell a la atención del público en 1978, ha propuesto, como vamos a leer en el capítulo 33, un sitio de impacto final mucho más lejos. Friedman cree que cayó un OVNI cerca de la ciudad pequeña de Old Horse Springs, en las Llanuras de San Agustín, ubicado a unas 150 millas por aire, de Roswell. Friedman no esta seguro si fue el mismo OVNI visto en Roswell o si fue otro distinto que quizás chocó con el primero.

VEINTINUEVE: CANTINA WADE EN CORONA

Condición: Propiedad privada.
Localización: 540 Main Street en Corona, New Mexico.
Accesibilidad: Propiedad privada. Favor de no entrar.
Coordenadas Geograficas: 34.249226,-105.595015.

Aunque Roswell está conectado más intimamente con el incidente de OVNI en 1947, el pequeño pueblo de Corona es realmente el lugar habitado más cercano al campo de escombros en el Rancho Foster.

Foto de 1999 de la ex cantina de Wade (cortesía de Dennis Balthaser)

Con una población de año 2000 de 165, Corona sigue siendo una parada de repostaje para los viajeros en la carretera U.S. 54. Justo después de descubrir los restos de un OVNI en el Rancho Foster, Mack Brazel visito primeramente la cantina Wade en Corona, antes de ir a Roswell.

Brazel era un cliente regular de esa cantina, que era el unico establecimiento de su tipo en Corona y la más cercana al Rancho Foster. Jesse Wade compró la cantina en 1936 y lo dirigió hasta 1976, dos años antes de su muerte.

Noe Torres y John LeMay se paran frente de la ex cantina de Wade

Brazel se detuvo por la taberna y habló de lo que había visto con el propietario Jesse Wade. El hijo de Wade, Chuck, en una entrevista de 2004 con Linda Moulton Howe, dijo, "Mack Brazel llego en su vieja camioneta, se acercó a mi papá y quería que que papá saliera al Rancho Foster con el para ver lo que se estrelló allí."

Brazel le dijo a Jesse Wade que lo que cayó en el rancho eran "unas cosas que nunca había visto antes." Decidiendo que necesitaba permanecer en la cantina, Wade dijo que no se podía ir. "Papá era la única persona trabajando en la taberna y eligió no cerrar las puertas para ir con Mack", recuerda Chuck. "Pero, papá despues lamento no ir con el."

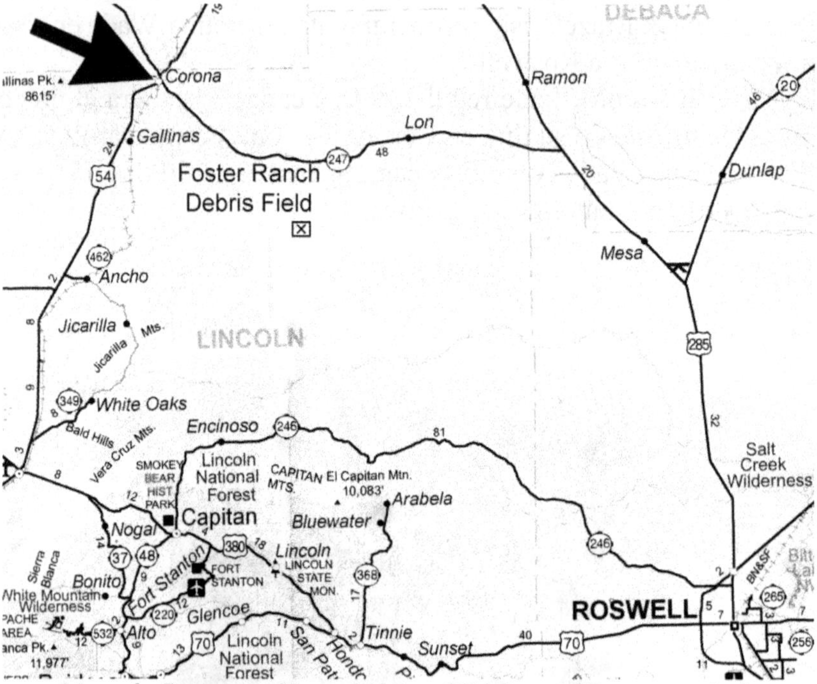

Mapa de Corona, en Nuevo México. (NM Dept. of Transportation)

El ranchero pasó a la cercana Farmacia Duboise para usar el teléfono, presumiblemente para llamar a alguien en Roswell y decirles lo que había ocurido. Esta puede haber sido la llamada de Brazel a Frank Joyce de radio KGFL en Roswell. Chuck Wade dijo, "después de que Mack se fue de la cantino, fue algunas puertas hacia el sur a la farmacia. Geraldine Perkins me dijo en dos ocasiones, en presencia de su hija Sherrill, que Mack llego a la farmacia y trato de convencer a su marido, Archie, salir al Rancho Foster para ver lo que se había estrellado por ahí. Archie no quiso ir con Mack. Entonces, Geraldine le ayudó a Mack hacer una llamada telefónica a Roswell."

Algunas versiones de la historia dicen que Brazel trajo una o más piezas de los escombros a la cantina Wade un día o dos después del desplome. Sin embargo, es escéptico, Chuck Wade. "Papá nunca mencionó que Mack llevo alguno de los materiales con él," dijo Chuck. "Y papá mencionado en varias ocasiones que después de ese primer encuentro, Mack nunca le volvió a hablar acerca de el desplome." Aunque, de acuerdo con Chuck, Mack Brazel nunca más menciono el incidente, el hijo de Mack, Bill, si hablo sobre lo ocurido y sobre los escombros extraños encontrarados en el rancho de Foster.

Foto reciente del edificio que antes era la Cantina Wade

En el libro *The Roswell Incident*, Bill Brazel le dijo a los autores, "una noche aproximadamente dos años después del incidente, llege a Corona por la noche. Mientras estaba allí, supongo que hable demasiado – más de lo que debía hacer. Sé que le mencione mi 'colección" [de los restos del OVNI] a alguien. De todas formas, al día siguiente un coche militar llego al Rancho Foster con un capitán y tres soldados en ella. Papá no estaba en el rancho en ese tiempo, pero resultó que no lo querían a el. Me querían a mi."

"El capitán – Armstrong, creo que su nombre era, capitán Armstrong – había oído hablar de mi colección y pidió a verlo. Por supuesto, se lo mostre, y dijo que los encombros eran importante para la seguridad del país y que debía permitir que el se los llevara con el... No sabía qué mas hacer, y al fin le dije que estaba de acuerdo."

Antes de que los soldados se fueran, Armstrong preguntó si Brazel examinó el material. Brazel dijo que él lo estudió suficiente para darse cuenta que "no sé qué, en demonios, es." Armstrong respondió, "preferemos que no hables mucho sobre esto."

En el libro *Crash at Corona*, Bill Brazel describe los escombros extraños eran de tres categorías. En primer lugar, habia material algo como "madera de la balsa." Brazel trató de cortar este material con su navaja, pero no pudo deformarlo en lo más mínimo. En segundo lugar, había otro material como cuerda. Parecía "monofilamento gruesa como una línea de pesca." Intentó romper el filamento y no pudo. Por fin, habia una pequeña pieza de lo que parecía "papel de estaño." Este material de algo como aluminio fue, de lejos, el más interesante para Brazel. "¡Me paso a notar cuando puse este pedazo de papel adentro de una caja, la maldita cosa sola se desenrollado y comenzó a enderezarse! Entonces comenze a jugar con él. Podría doblarlo y arrugarlo, pero siempre se desenrollaba. Esto era muy raro. Yo no podía rasgarlo tampoco."

En una presentación en 2004, el hijo de Jesse Wade, Chuck, confirmó que después del desplome, Bill Brazel se presentó en el taberno de su padre. Según Chuck, Brazel no sólo hablo de los escombros que había encontrado, pero tambien mostró varias piezas a espectadores interesados. Patrones de la cantina maravillaron de las extrañas propiedades del material. Este improvisado "mostrar y contar" en la cantina Wade no fue desapercibido, y poco después, soldados de la base militar de Roswell visitaron a Bill Brazel en el Rancho Foster y le quitaron las piezas.

Chuck también recuerda al hermano de Bill Brazel, Vernon, hablando de los escombros extraños encontrados cerca de Corona. "El hermano más joven, Vernon y yo somos de la misma edad. Cuando Vernon llegaba a Corona, él y yo jugabamos juntos. Recuerdo que hablamos sobre el OVNI que se estrelló en el Rancho Foster."

Como de este escrito, el edificio en Corona, Nuevo México que antiguamente era la Cantina Wade está ahora abandonado. El edificio está situado en la calle Main, número 540, en Corona, y los visitantes pueden tomar fotos desde el lado de la calle. Favor de no entrar a propiedad privada sin obtener permiso antemano del propietario.

PALABRA FINAL

Por John LeMay

Cada año miles de turistas, en busca de información sobre OVNIs, mvisitan a Roswell, la mayoría de cuales saben poco de la rica historia actual de la zona. Normalmente, los turistas visitan el famoso Museo OVNI de la ciudad y tal vez algunas de las numerosas tiendas de regalos a lo largo de la calle principal. Caminando alrededor de la ciudad, sin saberlo, la historia del pasado de Roswell les grita de las paredes e interiores de muchos edificios y sitios historicos. Antes de la publicación de este libro, poca gente sabía exactamente dónde buscar esta historia oculta. Ahora, contenida aquí, estan los recursos necesarios para visitar todos los sitios históricos más importantes relacionados con la supuesta caída de un OVNI en 1947.

Y, los de nosotros interesados en el resto de la historia de Roswell (antes y después de 1947) nos complace cuando los visitantes que vienen en busca de OVNIs aprenden también algo sobre los muchos aspectos fascinantes de la historia del sur de Nuevo México. En verdad, la historia de esta parte de Nuevo México es profundamente entrelazada con el todo lo que ahora se considera 'Americana." Dejando el tema de OVNIs por detrás un poco, retrocedemos el calendario para descubrir cómo el pueblo de Roswell llegó a existir en primer lugar.

Viajando en el tiempo al fin de la década de 1860, encontramos que la zona que ahora se llama Roswell estaba en un período de incursiones de indios, vaqueros indisciplinados, ganado polvoriento y bandidos despiadados. De hecho, el sur de Nuevo México ayudó a poner la palabra "salvaje" en el frase "oeste salvaje" (Wild West). Originalmente, el pequeño asentamiento que se convirtió en Roswell consistió en no más de un puesto comercial de adobe de 15 pies por 15 pies y ni siquiera tenía un nombre oficial, en lugar de ello estába asociado con el asentamiento cercano de hispanos llamado Río Hondo. Una tienda, construida por James Patterson, fue situada a lo largo de la ruta de ganado "Goodnight Loving Trail" que fue utilizada para el transporte del ganado a la

Reserva India de Fort Sumner, Nuevo México. El puesto comercial de Patterson fue en un lugar ideal para los vaqueros.

Finalmente, nacido en Nueva Inglaterra, Van C. Smith llegó y compró el puesto comercial de Patterson, ampliando el edificio y convirtiendo el establecimiento en una combinación de hotel, restaurante, cantina y casino. Al lado, construyó una tienda, que despues se convirtió en una oficina postal. En 1873, la oficina postal necesitaba un nombre, y se eligió "Roswell", que fue el nombre del padre de Smith, y una ciudad nació.

Smith después estableció un gran casino en la ciudad, un tipo de Las Vegas, con juegos de cartas las 24 horas, carreras de caballos y peleas de gallos. Siempre buscando algo nuevo y más emocionante, Smith se fue de Roswell, poniendo el pueblito en las manos del capitán Joseph C. Lea, un veterano de la Guerra Civil de los Estados Unidos, quien había montado con los guerillas confederados de Quantrill. Lea cerró el casino y la ciudad se convirtió en un lugar más respetuoso, tanto así que Roswell incluso pudo permanecer neutral en el Guerra del Condado Lincoln.

El conflicto del condado Lincoln comenzó sobre ganado y la tierra de derechos, y consumio a casi todo el sureste de Nuevo México en llameante tiroteos y problemas legales. El capitán Lea aseguro que los bandidos locales no causaran problemas en el pueblo, especialmente el notorio Billy the Kid. Muchas personas no saben que los acontecimientos de la guerra del condado Lincoln ocurrieron muy cerca de Roswell. La guerra de Lincoln ha generado varias películas exitosas como *Young Guns I y II* con Emilio Estévez en el papel de Billy the Kid y Sam Peckinpah como Pat Garrett y *Billy the Kid* con James Coburn y Kris Kristofferson y *Chisum* con John Wayne. En realidad, John Chisum y Sheriff Pat Garrett, ambos considerados como héroes en la Guerra del Condado Lincoln, vivieron en Roswell.

John Simpson Chisum fue uno de los más ricos barones de ganado en el oeste. Llegó a la area de Roswell en la década de 1860 con miles de cabezas de ganado y eventualmente establecio un rancho al sur de la ciudad que ha permanecido en la operación de una manera u otra hasta hoy.

Pat Garrett se trasladó a Roswell en la insistencia de Chisum y Capitán Lea. Querian que Garrett buscara elección como sheriff del condado Lincoln County, que en esa epoca incluyó el pueblo de Roswell. Aunque la violencia de la Guerra del Condado Lincoln se detuvo, gracias al Presidente Rutherford B. Hayes, quien amenazo al territorio con la ley marcial, un problema permanecia: los desperados jóvenes como Billy the Kid. Garrett, quien irónicamente había sido compañero de Billy en Fort Sumner, ganó la elección de sheriff y encontro al Kid y lo mató en Fort Sumner, el 14 de julio de 1881. Allí, Garrett tomó por sorpresa al bandido y le disparó en una habitación oscura, segun la versión de Garrett, quien fue celebrado como el "Wyatt Earp" de Nuevo Mexico, en el sentido que libero a la area de uno de sus banditos más notorios.

Billy the Kid (izquierda) y Pat Garrett (derecha), cortesía de Wikipedia

Hasta que la historia del OVNI se hizo popular en la década de 1970, el legado de la Guerra del Condado Lincoln, Pat Garrett y Billy the Kid había sido la atracción turística principal en el sur de Nuevo México. Irónicamente, hay una extraña conexión histórica entre el incidente de Roswell y la Guerra del Condado Lincoln. Sheriff Pat Garrett fue asesinado por un hombre llamado Jesse "Wayne" Brazel, quien, al final, fue relacionado con William "Mack" Brazel, el ranchero que encontro los restos del OVNI en su rancho en el condado de Lincoln en 1947. Algunos dicen que Jesse era tío abuelo de Mack, mientras otros sostienen que era primo segundo.

Antes de ser fusilado por Brazel en 1908, Garrett tuvo un efecto positivo sobre la economia de Roswell, con la ayuda del Capitán Lea. Fue idea de Garrett regar el Valle de Pecos con canales de irrigación de gran escala surgiendo de varios ríos. Esta idea de Garrett inevitablemente trajo el ferrocarril a Roswell. Como ocurrio en muchas otras ciudades, la llegada del ferrocarril y más tarde el teléfono, anunció el fin del "viejo oeste."

Un socio de Garrett, Charles Eddy, busquo socios para su empresa de irrigación. Eddy conocia a un canadiense rico, John James Hagerman, dueno de empresa de ferrocarril. Hagerman decidio invertir en el plan de agua de Eddy, desplazando así a Garrett. Al llegar Hagerman, decidió que Roswell podría utilizar los servicios de un ferrocarril y puso en marcha inmediatamente su idea. Al fin, la primera locomotora llego a Roswell en 1894. En un sentido, Garrett contribuyo a la modernización del "viejo oeste" en más de una forma, aunque no lo supo durante su vida.

El crecimiento de Roswell continuó durante el siglo veinte con pocos acontecimientos notables, hasta que llego a la ciudad el pionero científico Robert Hutchings Goddard. Con sus experimentos de cohetes explosivos, Goddard incurrio la ira de sus vecinos en su nativa Massachusetts. Un amigo, el famoso aviador Charles Lindbergh, sugirió que Goddard podría encontrar las vastas extensiones de desierto deshabitada alrededor de Roswell ideal para probar sus cohetes. Una vez en Nuevo México, Goddard y su esposa Esther establecieron su sede en Valle Edén, justo al norte de Roswell - casualmente no lejos del sitio presunto del impacto final del OVNI en 1947.

En Roswell, Goddard encontrao condiciones climáticas ideales para sus pruebas de cohetes y los habitantes locales, en su mayor parte, toleraron a sus experimentos. Pruebas de cohetes de Goddard en Roswell tendrían gran efectos, extendiendo literalmente a la Luna y, antes de eso, a Londres, Inglaterra. Después que Goddard fallo en interesar a los militares de los Estados Unidos en su tecnología de cohetes, sus planes fueron robados por espías alemanes, quienes usaron esos documentos como el basis del programa de cohetes V-2 de los nazis. Después de que los alemanes utilizan los diseños de Goddard para llevar acabo la destrucción partial de Londres, los militares estadounidenses al fin vieron el potencial de cohetes como armas de guerra. Cuando terminó la segunda guerra mundial, los Estados Unidos habían capturado los diseños de Goddard que se habían robado los alemanes, junto con los científicos alemanes y sus cohetes. Despues, diseños de Goddard allanaron el camino para el viaje del hombre en el espacio ultraterrestre y finalmente a la Luna. Por desgracia, Goddard no vivió a ver la era espacial, ya que murió de cáncer de garganta en agosto de 1945.

Robert H. Goddard (Foto de NASA)

El advenimiento de la era atómica también hizo un gran impacto en Roswell. El 16 de julio de 1945, se pudo ver en Roswell el destello de luz de la primera detonación del mundo de un artefacto atómico. La explosión podría verse por todo el camino de Roswell a la ciudad de Alamorgordo, el sitio de Trinidad, localizado alunas horas al oeste de Roswell. Segun los militares, lo que se vio ese dia en 1945 no fue bomba atómica, sino fue explosión en un depósito de armas militares. Esto parece ser un presagio del tipo de encubrimiento que se usó después para silenciar la historia del platillo volador en Roswell.

La Enola Gay y su piloto, Paul Tibbetts, Jr (foto de fuerza aérea de Estados Unidos)

En otro toque de ironía, el bombardero Boeing B-29 Enola Gay, que lanzó la bomba atómica sobre Hiroshima y era parte del grupo de bomba 509ª, el primer grupo de bomba atómica en el mundo. El grupo fue trasladado al campo del ejército de Roswell en noviembre de 1945. La base de Roswell, que había existido sólo cuatro años, se convirtió rapidamente en una de las más importantes instalaciones militares en el mundo por de su arsenal atómico. Fue durante este período crítico en la historia que en 1947 ocurio el incidente de Roswell.

Numerosos libros se han escrito sobre el caso del OVNI en Roswell, cuales contienen muchos diferentes cuentas y testimonios de testigos. Mientras que esta información es de gran valor, también es importante visitar y explorar los lugares donde presuntamente ocurrieron estos eventos misteriosos, como dice el viejo dicho: "si sólo estos muros podrían hablar." Oportunamente, el libro que tiene ahora en sus manos le llevara en un recorrido fascinante de la ciudad de Roswell, desde la perspectiva del famoso evento OVNI de 1947. Aquí, por primera vez, esta la historia de cada edificio histórico y sitio importante que desempeña un papel importante en la historia del incidente de Roswell. Armado con esta información, usted es capaz de caminar donde los testigos caminaron, seguir en sus pasos y experimentar usted mismo lo que ellos experimentaron.

Como mencioné anteriormente, antes de la publicación de este libro, pocos visitantes a Roswell tenian acceso a la información necesaria con el fin de ver los sitios donde tuvo lugar el incidente de Roswell. Gracias a este guía, la exploracion de estos lugares ya no será un problema. Incluso, el libro ha sido útil para mí, un residente permanente de Roswell que debería probablemente ya haber conocido donde supuestamente ocurrió todo esto. En mi propia defensa, el incidente de OVNI fue algo muy común en toda la ciudad – tal que no le presté mucha atención. Incluso recientemente, hace solo dos años que teniendo quiebros semanales en las carreteras en la antigua base aérea, yo desconocía que mi recorrido me llevaba junto al Edificio 84, donde los restos del OVNI y posiblemente cuerpos extraterrestres se mantuvieron en 1947. Habiendo escuchado tanta información "generalizada" sobre el incidente de Roswell, nunca examine los "detalles" del caso. Siempre había asumido que los restos y cuerpos fueron ocultados en algún secreto búnker subterráneo en la base. No tenía ni idea que el lugar donde dicen que realmente sucedió esto estaba a pocos pies de donde pasaba cada semana.

Ni sabia de muchos otros sitios alrededor de la ciudad que también tienen una conexión íntima con el incidente de Roswell. Por ejemplo, no sabía que el Hospital de Santa Maria desempeñó un papel en los acontecimientos, o que la peluquería Elegante fue de la difusora de Radio KGFL, donde Frank Joyce realizó su famosa entrevista con Mack Brazel. Incluso no me había dado cuenta que la casa de Jesse Marcel esta en la ciudad y no en la base. Es fascinante que la residencia Marcel exista todavía hoy en el mismo lugar donde estaba en 1947, sin muchas personas conociendo su historia.

Le doy gracias a Noe Torres por escribir este libro desde el punto de vista de estas importantes ubicaciones, que muchas personas no serían capaz de encontrar por cuenta propia. Esto parece un importante paso para preservar su historia.

Aunque no sea aceptable para todos los residentes de Roswell tener su ciudad vinculado con OVNIs, ciertamente no duele a la economía local. Roswell ya no es recordado por haber sido la residencia de Sheriff Pat Garrett o por ser la "Capital de lácteos del suroeste." Ahora, todo se trata de los extraterrestres, para bien o para mal. Decirle "Roswell, Nuevo México" a casi cualquier persona civilizada en la tierra, y la conversación girará invariablemente a los OVNIs.

Al pasar los años, el gobierno de Estados Unidos ha tratado de explicar el incidente de Roswell mientras llamando "fanaticas" las personas que todavía creen que un OVNI se estrelló. El ejército ha salido con por lo menos cuatro explicaciones diferentes tratando de ponerle el último clavo en el ataúd del incidente de Roswell. Y sin embargo, miles de los creyentes en OVNIs y los solicitantes de verdad siguen caminando a Roswell cada año. El incidente de Roswell está aquí para quedarse, y por lo tanto, era tiempo para un libro como éste, que revela todos los lugares principales en y alrededor de Roswell que participaron en este famoso caso de OVNI. Mientras que estos sitios fascinantes hoy no tienen marcadores históricos oficiales situados en ellos, son sin embargo, muy merecidos de ellos. Vale la pena visitar, ya sea por automóvil o por medio de la imaginación en la comodidad de su casa propia, usando este libro como su guia.

John LeMay, Autor de *Images of America: Roswell*
September 29, 2009

ÍNDICE

¡Muchos otros libros sobre OVNIs ahora disponibles en RoswellBooks.com!

Mucho antes de que el primer avión despegara, cuando nada más que pájaros

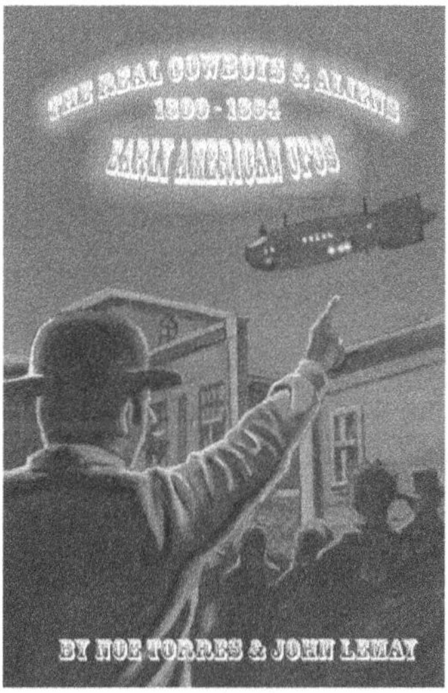

deberían haber estado en los cielos, los primeros residentes de los Estados Unidos fueron testigos de extraños objetos voladores no identificados de todos los tamaños, formas y descripciones. Se encontraron con seres extraños que claramente no eran humanos, incluidos "Hombres de Negro" y posiblemente viajeros en el tiempo. Vieron enormes naves nodrizas, ovnis submarinos y otras maravillas inexplicables. Algunas de las primeras figuras históricas más famosas de Estados Unidos, como Thomas Jefferson, Ben Franklin, George Washington, compartieron su interés en los ovnis y los extraterrestres. ¡Contiene dentro de estas páginas la "otra" historia americana que nunca te enseñaron en la escuela!

The Real Cowboys & Aliens: Early American UFOs de Noe Torres & John LeMay está disponible en forma impresa y para Kindle en RoswellBooks.com y a través de minoristas en línea, incluido Amazon.com. ¡Escanee el código QR para ordenar su copia de Amazon hoy!

El experto en ovnis Nick Pope dice: "Si crees que el misterio ovni comenzó en 1947 con platillos voladores y el accidente de Roswell, piénsalo de nuevo. Este libro fascinante y rico en datos explora una gran cantidad de incidentes intrigantes que antes se interpretaban a través del lente del folklore, pero que ahora podrían conducir a una reevaluación fundamental del misterio más grande de la era moderna. Con el foco en el siglo XIX, este delicioso tomo arroja luz sobre una porción de la historia de Estados Unidos que muestra que la verdad realmente puede ser más extraña que la ficción ".

El autor Donald Schmitt, dice: "Lo que Torres y LeMay han definido claramente en este tomo de suspenso y suspenso, es que las cuentas de ovnis retratadas a lo largo de este trabajo exhaustivamente investigado, permanecen en una clase separada ... Aparte de un raro globo aerostático o dirigible, no había nada más en el aire en ese entonces ... o en el suelo; los testigos están describiendo claramente algo que precede a la tecnología de los hermanos Wright ".